완벽하지 않게
대충 잘 살아가기

대충의 자세

차례

프롤로그
내게 가장 좋은 자세를 대충에서 찾았다 · 8

(1장) 기본 자세

일부러 완벽하지 않게 · 19
계획 없이 살기 · 25
의미를 몰라도 대충 넘어가기 · 31
대충 살기의 어려움 · 37
인생과 거리 두기 · 42
가볍게 산다는 것 · 48
팀플레이 · 54
성장통 · 59
운을 믿는다는 것 · 65
타임 슬립물을 보는 이유 · 71
어둠 속을 지날 때 · 77
그리는 삶 · 81

(2장)
응용 자세

발명의 자세 · 89

다운사이징 · 94

리듬에 몸을 맡기고 · 100

부러운 인생 · 106

초심 잃어버리기 · 112

적당히 손해를 본다 · 117

몸 사용법 · 124

사랑하면 따라오는 것들 · 131

안 뛰는 사람 · 137

미니멀리스트가 되는 것에 대하여 · 144

일자리를 잃다 · 152

세상과 싸우는 방식 · 157

사진을 대하는 자세 · 165

어떻게든 살아진다 · 171

(3장) 대충의 나날들

완벽하지 않아서 완벽한 날들 • 179

대충 한 결혼 • 185

그렇게 아저씨가 된다 • 190

나의 바깥 • 197

가벼운 외출 • 204

근처의 행복 • 212

멀어지게 둔다 • 218

내겐 너무 귀여운 그녀 • 222

마감 인간 • 227

인생은 낙서처럼 • 233

아이 러브 홍콩 • 237

돌아보면 괜히 서글퍼진다 • 243

에필로그
망설이는 우리에게 필요한 자세 • 252

인생이란 진지하게 얘기하기에는 너무나 중요한 것이다.

—**오스카 와일드**(Oscar Wilde)

프롤로그

내게 가장 좋은 자세를
대충에서 찾았다

'게으른 완벽주의자'라는 용어를 들어본 적 있을 것이다. 처음 듣는다면 '게으른데 어떻게 완벽할 수 있지?' 하는 의문이 들 것이다. 나도 그랬다. 확실히 게으름과 완벽주의는 어울리는 조합은 아니다. 빠른 이해를 돕기 위해 간단하게 설명하자면, 게으른 완벽주의자는 완벽해야 한다는 부담 때문에 선뜻 시작하지 못하고 일을 미루는 사람을 뜻한다.

완벽주의 성향인 사람들은 결과물이 완벽하길 바란다. 이것이 긍정적으로 작용하면 끊임없는 노력과 집요함으로 엄청난 결과를 만들어낼 수 있다. 그런데 완벽주의 성향이 부정적으로 작용하면 여간 골치 아픈 게 아니다.

완벽주의자는 결과에 대한 기준이 높고 자신에 대한 기준 또한 높다. 그 높은 기준으로 일을 시작할 엄두가 나지 않아 자꾸 미루게 된다. 그렇게 미루고 미루다가 마감 하루 전날 엄청난 집중력을 발휘해 벼락치기로 일을 끝낸다(그것도 능력이라면 능력이랄까). 하루 만에 했으니 완벽할 리 없다. 어차피 완벽하게 하지도 못할 거면서 진작 시작했으면 얼마나 좋은가. 그러나 그들은 단순히 게으름을 부리는 게 아니다. 실패에 대한 공포 때문에 불안에 떨며 시간을 보내는 것이다. 본인도 그러고 싶어 그러는 게 아니다.

그래도 다행인 건 벼락치기로라도 한다는 거다. 안 하면 안 되는 일일 경우엔 미루더라도 결국 해낸다. 그러나 강제성이 없는 일, 가령 새로운 도전이라든가 머릿속에 떠오른 아이디어를 실행에 옮기는 자율적인 일 앞에선 문제가 달라진다.

완벽주의 성향인 사람은 기본적으로 '완벽하지 못할 거라면 안 하는 게 낫다'라는 생각을 가지고 있다. 그래서 안 한다. 머릿속으로 시뮬레이션을 돌려보고 잘 안 될 것 같으면 시작하기도 전에 포기하고 만다. 그렇게 그냥 상상만 해본 사람이 된다. 좀 한심하지 않은가? 그런데 나는 그들의 마음을 너무 잘 알 것 같다. 이미 눈치챈 사람도 있을 테지만, 내가 바로 게으른 완벽주의자이기 때문이다.

나는 앞에서 말한 게으른 완벽주의자의 특징을 모두 지니고 있다. 미루기, 벼락치기, 상상만 하다가 포기하기, 모두 내 얘기다. 나의 그런 행동들이 완벽주의 성향과 관련 있었다니, 오랜 궁금증이 풀리는 듯한 느낌이었다. 그런데 신기한 건 나 자신이 완벽주의라고 생각해본 적은 한 번도 없었다는 점이다. 내가 완벽주의자라고? 나는 완벽을 추구한 적 없는데?

오래전 소설을 쓴다고 깝죽거리던 시절이 있었다. 본격적으로 글을 쓴 건 그때가 처음이었다. 어떻게 써야 하는지 모르면서 무작정 썼다. 내가 소설 쓰는 방식은 이랬다. 고심해서 한 문장을 적는다. 좀 더 좋은 문장이 되게 고친다. 그래도 맘에 들지 않는 부분이 있어서 이렇게 저렇게 여러 차례 수정한다. 고칠 때마다 맞춤법이 틀리지 않았는지 체크한다. 어느 정도 마음에 들면 그제야 다음 문장을 쓴다. 그리고 앞에 했던 행동을 반복한다. 으악! 이게 뭐야.

적고 보니 완벽주의 성향이 맞는 것 같다. 생각해보면 이와 비슷한 사례가 수도 없이 많다. 하나가 맘에 들지 않으면 다음으로 나아가지 못하고 마음에 들 때까지 계속 거기 머무른다.

소설 쓰기는 결국 포기했다. 그러나 몇 년 동안 이어진 그 시절의 글쓰기 덕분에 이렇게 글을 쓰며 살 수 있게 되었다고 생각한다. 그때는 시간을 낭비했다고 생각했는데, 사람 일은 진짜 어떻게 될지 모른다. 아무튼 그 시절 글쓰기에서 배운 건 이런 거다. 글은 한 문장 한 문장 완벽하게 다듬어가며 쓰는 게 아니라는 것. 일단은 생각나는 대로 마구 써야 한다는 것. 문장이 어색해도, 철자가 틀려도, 표현이 식상해도 신경 쓰지 않고 다음으로, 다음으로 쭉 써 내려간다. 그렇게 대충 전체를 쓴 후 조금씩 조금씩 수정하면서 다듬는다. 마음에 들 때까지.

보다시피 대단한 걸 배운 건 아니다. 그러나 그건 내 성향에 반하는 방식이라는 점에서 정말 쉽지 않은 일이었다.

어떤 일을 수행하려면 그에 맞는 자세를 취해야 한다. 그러지 않으면 균형을 잃거나 능력이 있어도 그 일을 제대로 수행할 수 없다. 자세가 중요한 이유다.

자신도 의식하지 못한 완벽주의 성향 때문에 나는 늘 이런 자세를 취하고 있었다.

"잘해야 해. 틀리면 안 돼."

주먹을 꽉 쥐고, 이를 악물고, 온몸에 힘을 잔뜩 준 채 글을 썼다. 단순히 글쓰기만의 문제가 아니었다. **그런 딱딱한 자세로는 뭘 해도 잘 안 된다. 어쩌면 삶이 힘들게만 느껴지는 것도 잘못된 자세 때문은 아닐까? 그럼 자세를 바꿔보자.**

"잘하려고 하지 마. 틀려도 괜찮아. 최선을 다할 필요도 없어. 대충 하면 되는 거야."

그렇게 전혀 다른 자세로 살아보기로 했다. 그게 벌써 7년 전의 일이다. 사실 마음가짐 하나 바꾼다고 뭐가 달라질까 하는 의심이 없었던 건 아니다. 더구나 대충이라니, 정말 그런 태도로 살아도 된단 말인가. 이러다 인생 망하는 게 아닐까.

결론부터 얘기하자면 자세를 바꾸고 삶이 달라졌다. 갑자기 부자가 되거나 하는 식의 반전이 생긴 건 아니고, 뭐랄까 전보다 훨씬 여유가 생겼다. 그 전까지는 늘 뭔가에 쫓기는 듯 불안하고 조급했다. 그런데 마음가짐을 바꾼 후에는 마음이 한결 가벼워졌고, 그것이 내 일과 일상에 큰 영향을 주었다.

기분 탓일지도 모르지만, 일이 훨씬 잘 풀리는 것 같은 느낌이다. 무엇보다 자세를 바꾸지 않았다면 저자로서의 하완은 없었을 것이다. 상상으로만 잠깐 존재했다가 사라졌겠지.

타고난 성향은 좀처럼 바뀌지 않는다. 그래서 아직도 완벽주의 성향이 자꾸 튀어나온다. 높은 기준을 세워놓고 가혹하게 자신을 다그칠 때, 실패가 두려워 머뭇거릴 때, 기대만큼 결과가 나오지 않아 삶이 불만족스러울 때…. 또다시 나쁜 습관대로 마음의 자세가 틀어지고 있다는 걸 느낀다. 그리고 자세를 바로 고쳐 앉는다. 올바른 자세는 계속 의식하고 신경 써야 지켜진다. 이상하게 들리리란 걸 알지만 내게 좋은 자세는 바로 '대충'이다. '잘하지 않을 거면 안 하는 게 낫다'가 아니라 '대충이라도 하면 다행'이라는 마음가짐이 나를 나아가게 한다.

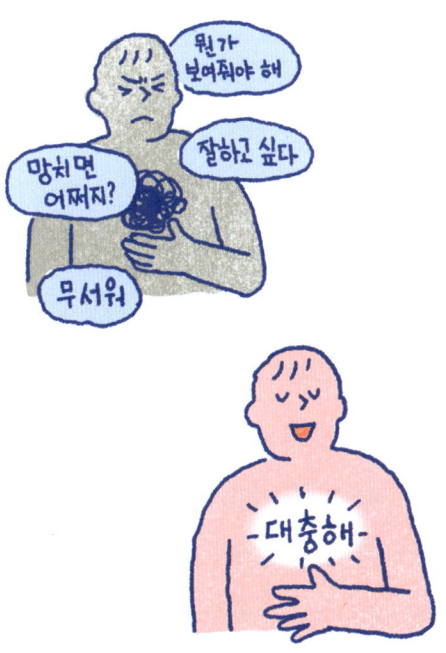

1장 기본 자세

일부러
완벽하지 않게

 늘 그런 건 아니지만 오직 표지가 맘에 들어 책을 살 때가 있다. 최근에도 마음에 드는 책 표지를 발견하고는 그냥 사버렸다.

 나는 그 책 표지를 누가 그렸는지 알고 있었다. 한눈에 그 작가의 그림이라는 걸 알아봤다. 그는 수많은 SNS 팔로어를 거느린 유명 일러스트레이터. 항상 스마트폰 화면을 통해 그의 그림을 감상하곤 했는데 이렇게 종이에 인쇄된 실물로 감상하니 훨씬 더 좋았다. 대충 그린 거 같은데 이상하게 좋단 말이야. 인기가 많을 만해. 그에 반해 내 그림은… 아니야, 그 강을 건너지 말자. 왜 순수하게 그림을 즐기지 못하는 거니?

정신을 가다듬고 다시 그의 그림을 찬찬히 들여다보았다. 그러다 눈에 거슬리는 어색한 부분을 발견했다. 그림 속 인물의 오른손은 제대로인데 왼손이 반대로 그려져 있는 게 아닌가. 그래서 그림 속 인물은 오른손이 두 개인 기형적인 모습이었다. 응? 실력 있는 작가가 이런 초보적인 실수를 할 리 없는데, 내가 잘못 봤겠지. 눈을 비비고 다시 살펴봐도 분명 손이 틀리게 그려져 있다. 그 사실을 확인하자 자연스럽게 한 인물이 떠올랐다.

조선 시대의 화가 단원 김홍도. 그는 의심할 여지가 없는 천재다. 그런데 그림 천재 김홍도도 어이없는 실수를 하곤 했다. 김홍도의 풍속화에서는 심심치 않게 잘못 그려진 부분이 발견된다. 예를 들면 〈씨름〉이라는 작품 속 우측 하단, 씨름을 구경하는 인물의 오른손과 왼손이 바뀌어 있다. 왼손이 있어야 할 자리에 오른손을, 오른손이 있어야 할 자리에 왼손을 그려놓았단 얘기다. 비슷한 실수는 다른 그림에서도 발견된다. 손과 발의 좌우가 맞지 않는 것도 있고, 엉터리로 손을 그려놓은 경우도 있다.

김홍도는 어째서 이런 실수를 한 걸까? 거기에 대해서 여러 설이 있다. 틀린 그림 찾기 하듯 재미를 위해 일부러 틀린 부분을 숨겨놓았다는 설도 있고, 김홍도에게 좌우를 잘 구별하지 못하는 장애가 있었다는 설, 빠르게 그리다 보니 틀렸을 거라는 설도 있다. 무엇이 맞는 설인지 몹시 궁금하지만, 진실은 오직 김홍도 본인만 알고 있다. 손을 틀리게 그린 두 명의 화가. 이건 단순한 우연일까? 나는 혼란스러웠다.

그들의 그림 실력이라면 그런 실수를 할 리 없다. 그럼 정말 일부러 틀리게 그렸단 말인가? 그건 더더욱 받아들이기 힘들다. 일부러 틀리게 그린다는 건 나 같은 범인은 이해하기 힘든 일이다. **대부분은 안 틀리려고 애쓴다. 틀린 게 있으면 찾아 고치는 게 보통이란 말이다. 아! 그거다. 그것이 나와 그들의 차이다.** 나는 보통이고 그들은 보통이 아니다.

패션 용어 중 '스프레차투라(sprezzatura)'라는 이탈리아 말이 있다. 그 뜻을 설명하자면 '의도된 어색함' 혹은 '의도된 엉성함' 정도 되겠다. 옷을 잘 차려입고서 일부러 한

두 군데 실수한 것처럼 연출하는 기술인데, 예를 들어 정장에 야구 모자를 쓰거나, 셔츠 한쪽만 바지 안에 찔러 넣는다거나, 넥타이를 삐뚤어지게 매는 식이다. 그런 연출이 드러내고 싶어 하는 건 바로 무심함이다. 난 옷차림은 별로 신경 안 써(엄청 신경 썼으면서), 대충 입고 나오느라 잘못된 줄도 몰랐네, 뭐 이런 이미지를 주고 싶은 것이다.

그런데 이런 기술엔 상당한 내공이 필요하다. 자칫 잘못했다간 패션 테러리스트가 되거나 정말 옷차림에 무심한 사람이 될 수 있기 때문이다. 그래서 어느 정도 경지에 오른 고수들이 쓰는 기술이란다.

힘을 빡 주기보다 뺌으로써 자신은 규칙에 얽매이지 않은 사람임을, 옷차림에 그리 신경 쓰지 않음을, 그럼에도 옷을 잘 입는 감각을 타고난 사람이란 걸 뽐내는 것이다. 아니, 뭘 이렇게까지 복잡하게 꼬아가며 옷을 입을 일인가 싶지만, 이탈리아 사람들은 빈틈없이 완벽하게 차려입은 건 왠지 별로라고 생각하는 것 같다. 뭔가 한 군데 흐트러지고, 자연스럽고, 애쓰지 않으면서 멋있는 것이 진짜 멋이라고 생각하는 게 아닐까.

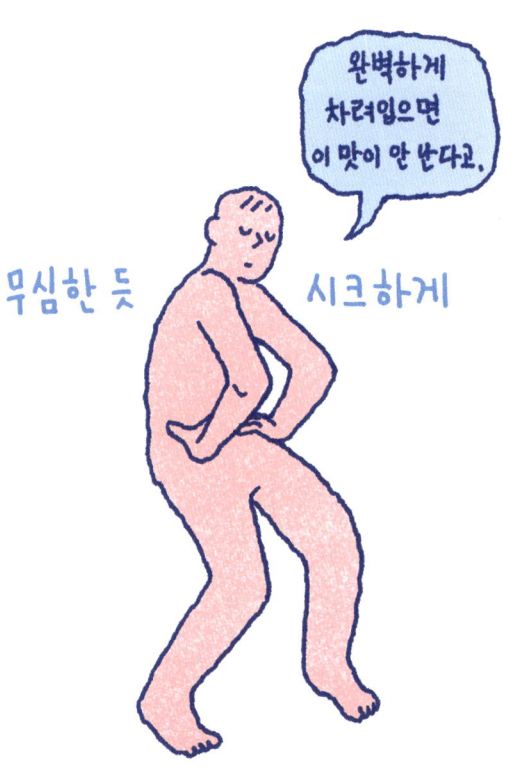

두 화가가 일부러 틀렸는지, 그러니까 스프레차투라 같은 기술을 쓴 건지는 나도 모른다. 실수로 틀렸을 수도 있지 않은가. 하지만 이건 분명하다. 고의가 아닌 실수라 하더라도 그들은 틀린 부분이 있다는 걸 알았을 거라는 사실이다. 그리는 도중에, 혹은 그림을 다 완성한 후에라도 반드시 알게 된다. 하다못해 주변 지인들이 틀린 부분을 보고 한마디 하지 않았을 리 없다. 그러니까 그것이 고의든 실수든 틀린 걸 알고도 고치지 않았다는 점에선 똑같다.

틀린 부분. 그것은 결함과 오류를 의미한다. 결함을 보완하는 것은 너무도 당연한 일이다. 그러나 그들은 결함을 수정하지 않고 그대로 두는 걸 택했다. 왜일까? 실수가 크게 눈에 띄지 않아서? 귀찮아서? 틀린 게 재미있어 보여서? 이유는 알 수 없지만 그들은 그것을 큰 결함이라고 생각하지 않은 듯하다. 어쩌면 그들이 추구하는 아름다움이 이탈리아 사람들의 그것과 같기 때문이 아닐까. 이런 미적 감각이 있다면 왠지 삶도 한결 가벼워질 것 같다.

"너무 완벽하려고 하지 마. 완벽한 건 멋이 없어."

계획 없이 살기

영화나 드라마를 보면 심심치 않게 나오는 장면이 있다. 주인공 혼자 수십 명을 상대로 싸워 이기는 장면이다. 관객으로서는 아주 통쾌하지만 이게 현실에서 가능할 리 없다. 아무리 싸움을 잘해도 그 많은 사람을 상대로 이길 수 있을까? 에이, 말도 안 돼.

혼자서 수십 명과 싸워 이기는 게 가능하다는 얘기를 어디선가 들은 기억이 있다. 반쯤은 웃기려고 지어낸 얘기 같은데 일단 그 방법을 소개해보자면, 먼저 벽을 등지고 선다. 그러면 등 뒤에서 공격받을 일이 없어 앞에만 신경 쓰면 된다. 그런 다음은 바로 앞의 상대 한두 명 정도와 싸우면 된다. 이게 무슨 소린가 하면, 상대의 수가 아무리 많아도 물리적 공간의 제약 때문에 수십 명이 동시에 내게 주먹을 날릴 수 없다는 얘기다. 고로 나는 앞사람과만 싸우면 된다. 그렇게 앞사람을 상대하다 보면 어느새 다 이길 수 있다는 얘기.

물론 싸워봤자 한 명도 이기지 못할 나에겐 이론에 불과한 얘기지만, 잘 훈련된 사람이라면 불가능하지 않을지도 모른다. 어느 권투 선수가 했던 얘기가 생각난다. 언젠가 그는 열 명 정도의 깡패와 시비가 붙었는데 그들을 간단하게 이겼다고 한다. 무리 중 앞에 선 두 명을 빠르게 때려눕혔더니 나머지는 혼비백산해서 도망가버렸다고. 실제론 열 명이 아니라 두 명을 상대한 셈이다.

전체를 보면 전의를 상실하게 된다. 압도적인 상대의 수에 기가 눌려버리는 것이다. 그럴 땐 상대해야 할 사람이 두 명 정도라고 치자. 그럼 해볼 만하다고 느끼게 된다. 내가 처리해야 할 일이 너무 많고 무겁게 느껴질 때, 도무지 해낼 수 없을 것처럼 막막하기만 할 때 그런 자세가 필요하다.

수가 얼마가 됐든 바로 앞 놈만 상대한다는 마음가짐 말이다. 막상 해보면 그렇게까지 큰일이 아닌 경우가 많다.

인생을 멀리 보라고 배웠다. 멀리 내다보고 장기적인 시선으로 목표와 계획을 세워야 한다고. 100퍼센트 옳은 말이다. 그러나 그 조언이 간과한 게 있다. 계속 멀리 보면 안 된다는 사실이다. 멀리만 보면 전의를 상실하게 된다. 너무 멀어 까마득하고 자신이 없어진다. 지금도 힘들어 죽겠는데 언제 저기까지 가나 싶어 주저앉고 싶다. 그럴 땐 발밑만 보고 걸어야 한다. 멀리 보지 말고 바로 앞에 닥친 일만 생각하고 하나하나 처리하다 보면 어느새 멀리까지 와 있게 된다.

예전엔 계획 세우는 걸 참 좋아했다. 1년 계획은 물론이고 10년 계획, 20년 계획을 세우곤 했다. 수시로 계획을 세우느라 많은 시간을 썼다. 그건 그것대로 재미난 일이었다. 내 미래를 그려보고 꿈꾸는 일, 너무 재미있지 않은가? 그런데 언젠가부터 계획 세우는 일을 그만두었다. 그게 얼마나 부질없는 짓인지 알게 되었기 때문일 거다. 분명히 말하는데 계획대로 되는 게 하나도 없을 것이다. 옛날에 세운 계획에 의하면 지금쯤 나는 하와이에서 일광욕하며 은퇴 생활을 즐기고 있어야 한단 말이다. 계획은 완전 실패했다.

생각해보면 내 계획은 사는 데 별로 도움이 되지 않았다. 오히려 독이 되었다. 계획과 목표 때문에 항상 조급했다. 20년 후를 바라보고 가다 보니 너무 막막하고 계획대로 흘러가지 않는 현실에 자주 좌절했다. 삶을 포기하고 싶을 만큼.

영화 〈기생충〉에 이런 대사가 나온다. 절대 실패하지 않는 계획은 무계획이라고. 요즘 나는 절대 실패하지 않는 삶을 산다. 별다른 목표도 계획도 없이, 노후에 대한 준비도 없이, 그저 내 앞에 놓인 일만 해결하며 하루하루 살고 있다. 문득 정말 이렇게 살아도 되나 싶어, 미래라는 이름의 거대한 불안함이 밀려오기도 하는데 그럴 때마다 다시 마음을 다잡곤 한다.

'쫄지 마. 앞에 있는 놈만 신경 쓰는 거야.'

내가 즐겨 찾는 영화 평론가 이동진의 블로그 대문엔 이런 문구가 적혀 있다.

'하루하루는 성실하게, 인생 전체는 되는대로.'

역시 동진이 형은 알고 있었다. 인생은 계획대로 되는 것이 아니라는 걸. 우리가 할 수 있는 건 그저 하루하루를 사는 것뿐. 내가 해야 할 일과 할 수 있는 일을 하며 성실하게. 그런 하루하루가 데려갈 곳은 분명 나쁜 곳은 아닐 거라는 생각이 든다.

의미를 몰라도
대충 넘어가기

영화 〈엑스 마키나〉에는 이런 장면이 나온다. 물감을 아무렇게나 흩뿌려놓은 듯한 화풍으로 유명한 잭슨 폴록의 그림 앞에서 두 남자가 이야기를 나눈다.

"폴록이 작업 방식을 바꿨다면 어땠을까? 머릴 비우고 그림을 그리는 대신 '그리는 이유를 알기 전엔 이 그림을 그릴 수 없어!'라고 말했다면?"

그 얘기를 듣고 있던 다른 남자가 이렇게 답한다.

"점 하나도 찍을 수 없었겠죠."

마치 나에게 하는 얘기 같았다. 네 작업 방식이 딱 그렇다고, 자꾸 이유를 찾으니 진도가 나가지 않는 거라고.

다음 책은 언제 나오냐는 주변의 물음에 곧 나올 거라고 답하곤 했는데, 곧 나온다던 책은 몇 년째 나오지 않고 있다. 내가 쓰기 싫어서 안 쓴 게 아니다. 책을 쓰려고 여러 번 시도했지만 얼마 가지 않아 동력을 잃고 멈추기를 반복했기 때문이다.

'이게 무슨 의미가 있지?'

이 이야기를 써야만 하는 이유가 있나? 고작 내 일상이나 생각을 책으로 엮을 필요가 있을까? 이걸 세상에 내놓을 만한 가치가 있는 걸까? 꼬리에 꼬리를 무는 질문을 하고 있으면 결국 이런 결론에 도달하게 된다.

'아아, 꼭 해야 할 이유가 없다.'

이유가 없으면 계속하기 힘들다. 그렇게 이유와 의미를 찾지 못한 나는 제자리만 빙글빙글 돌고 앞으로 나아가질 못한다. 옛날에도 이런 적이 있었다. 꽤 심각하게 '내가 살아야 하는 이유'나 '내 삶은 어떤 의미가 있을까' 같은 고민에 빠졌던 때가. 그 고민을 하느라 아무것도 하지 않았다. 아니, 못했다. 그 문제를 해결해야만 내가 뭘 할지 알 수 있다고 생각했기 때문이었다.

오랫동안 고민했지만 답을 찾지 못했다. 다들 해봐서 알겠지만 그 물음의 끝엔 거대한 공백이 있다. 어떤 답도 찾을 수 없다. 그곳은 아무것도 없이 텅 비어 있다.

삶이란 내 행동을 기다리는 빈 캔버스 같다. 폴록의 그림이 의미 있는 건 그가 일단 그렸기 때문이다. 그는 점 하나하나가 어떤 이유에서 그려져야 하는지, 어떤 의미인지 알지 못했지만 그냥 그렸다(정확하게 얘기하면 물감을 뿌렸다). 의미가 있어서 그린 게 아니라 그려놓으니까 의미가 생겼다. 그렇다. 글도 그림도 어쩌면 우리의 삶도, 쌓이고 다 끝난 다음에서야 비로소 어떤 의미를 찾을 수 있는 것이 아닐까.

지금 당장은 아무런 의미를 찾을 수 없더라도 우리는

계속 나아갈 수밖에 없다. 그러니까 나는 좀 닥치고 그냥 할 필요가 있다.

그런데 그것이 말처럼 쉽지 않다. 그냥 하는 게 답이라는 걸 알면서도 하지 못한다. 아니, 왜 해야 하는지 모르면서 어떻게 그냥 할 수 있단 말인가. 아아, 끝나지 않는 도돌이표.

찰리 채플린은 '인생은 욕망이지 의미가 아니'라고 했다. 그의 말처럼 욕망이 의미보다 우선하는지도 모른다. '의미'가 아니라 '욕망'이 우리를 살아가게 만든다. 살아야 하는 이유를 몰라도 살고 싶으니까 산다. 누군가는 죽지 못해 산다고 조금 돌려 말한다. 그런데 이제 와 생각하니 그게 참 고맙게 느껴진다. 의미를 알고 산 게 아니라 그냥 살았다. 아니, 살아졌다. 그렇게 살아온 하루하루가 쌓여 이렇게 멀리까지 왔다.

의미를 모르고 찍은 점 하나하나가 모여 어떤 형태를 이루게 되었다. 그것이 어떤 의미인지 아직도 헷갈리지만 적어도 아무런 의미도 없다고는 말하지 못하겠다. 앞으로도 걸어갈 길이 한참이나 남았지만 그 시간도 지금까지 그래왔던 것처럼 그냥 살아내길. 그렇게 마지막에 이르면 비로소 내 삶의 의미를 알게 될지도 모르겠다. 아무튼.

만약 당신이 이 글을 읽고 있다면 그건 내가 무의미를 견디며 끝까지 해냈다는 뜻이다. 의미를 모르지만 꾸역꾸역, 혹은 성실하게 점을 찍어 한 권의 책을 완성한 것이다. 그렇게 쓰인 이 글들이 내게, 그리고 당신에게 어떤 의미가 되어주길 바란다.

대충 살기의 어려움

한때 '대충 살자 짤'이 유행한 적이 있었다. 뭔가 엉성한 상황이 찍힌 사진에 이렇게 코멘트를 달아놓는 거다.

'대충 살자… 양말 짝짝이로 신어도 아무렇지 않은 (사진 속) ○○처럼.'

그런 식의 수많은 짤이 나왔다. 어쩜 그렇게 하나같이 우스꽝스럽고 대충 대충인지. 그 덕분에 많이 웃었더랬다. 말 그대로 그 짤들의 목적은 웃음이다. 그런데 이게 묘하게 위안이 되더란 말씀.

'저렇게 대충 해도 사는 데 큰 문제가 없구나.'
'그래, 모든 걸 제대로 할 필요는 없어.'

대충 살자 짤을 보다 보면 왠지 모르게 마음이 가벼워진다. 대충이 주는 위로랄까. 오죽하면 '대충 살자'가 큰 공감을 불러일으켰을까. 사는 게 너무 팍팍하고 힘겨우니까, 잘해야 한다는 압박감이 항상 어깨를 짓누르니까 이렇게라도 긴장을 풀고 싶은 것이다.

그런데 아무리 대충 살자고 다짐해도 그렇게 살아지지 않는다. 전체적인 분위기라는 게 있지 않나. 남들은 다 뛰는데 나 혼자 여유롭게 걷기는 힘들다. 더구나 잠깐 여유를 부리면 밥벌이도 못하고 굶어 죽기 십상인 경쟁 사회 아닌가. 그러다 보니 열심히 살 생각이 없는 나 같은 사람도 분위기에 휩쓸린다. 대충 사는 건 절대 쉽지 않은 일이다.

이쯤에서 한 가지 짚고 넘어가야 할 게 있다. 대충 산다는 건 어떻게 사는 걸 말할까? 보통은 부정적인 걸 떠올리기 쉽다. 아무렇게나, 생각 없이, 마구잡이로 사는 걸 말이다. 물론 어떤 일을 엉망으로 했다는 의미로 '대충'이라는 단어를 쓰기도 하지만 내가 생각하는 대충 살기는 조금 다르다.

대충의 사전적 정의는 '대강을 추리는 정도로'다. '대충 일이 마무리되었다'라고 하면 완벽하진 않지만 큰 것은 끝냈다는 뜻이다. **그러니까 "대충 해"라는 말에 담긴 의미는 아무렇게나 엉망으로 하라는 것이 아니다. 완벽하게 할 필요는 없지만 큰 것은 얼추 해두라는 말이다.**

대충 살기도 마찬가지다. 완벽하게 하려 하지 말고, 너무 애쓰지 말고, 하지만 중요한 것은 얼추 하면서 사는 것이 아닐까 싶다. 그런데 문제가 있다. 어느 정도까지가 대충인 걸까. 그렇다. 대충은 정확한 수치를 정해주지 않는다. 어디까지나 개인의 판단과 센스에 달렸다. 그래서 센스 없는 사람한테는 대충이란 말을 하지 않는 게 좋다. 대충 하라고 했다간 이도 저도 아니게 될 테니까 말이다.

그런 의미에서 내가 원하는 대충 살기는 균형감이다. 내가 보기에도, 남이 보기에도 적당한 정도를 아는 것. 너무 무리하지도, 너무 게으르지도 않은 절묘한 포지션을 유지하는 것. 아아, 얘기하다 보니 더 어렵게 느껴진다. 나는 제대로 된 대충의 포지션을 지키며 살고 있는 걸까?

몇 년 전 갑작스럽게 등장한 코로나 바이러스로 전 세계는 패닉에 빠졌다. 사람들은 그 어느 때보다 큰 위기를 느꼈다. 그래서일까? '갓생(god+生)' 열풍이 불었다. 여유 따위는 찾지 말고 더 박차를 가해야 한다는 분위기가 팽배하다. 그리고 그것에 대해 좋은 태도, 권장할 만한 태도라는 의견이 대부분이다. 과연 그럴까?

세상은 더 바쁘게 돌아가고 여유가 없어졌다. 잔뜩 긴장된 상태다. 이런 긴장감이 사회적으로 결코 좋을 리 없다. 우리나라가 OECD 국가 중 자살률 1위인 것도 그런 긴장감과 무관하지 않을 것이다. 안 그래도 경쟁이 심한데 사회 구성원 모두가 위기를 느껴 전력 질주한다. 그렇게 사회 전체가 가쁜 숨을 내쉬고 있다. 이거 괜찮은 거 맞나? 자기 계발에 힘쓰며 하루하루 치열하게 열심히 살자는 태도는 분명 고무적이지만, 왠지 떠밀려서 선택한 것 같은 느낌을 지울 수 없다.

그런 이유로 너도나도 갓생 살기에 동참하는 모습을 보는 나는 영 못마땅하다. 사실 사회를 걱정한다기보다는 내가 걱정돼서다. 다들 이렇게까지 열심이면 어떡하자는 거냐고. 하아, 나도 열심히 살아야 하나?

남들이 뛴다고 따라서 뛰는 건 자기 페이스를 지키지 못하고 무리하는 것일 테다. 무리하는 삶은 오래가지 못한다. 휩쓸리지 말자, 불안해하지 말자, 내 페이스를 지키며 대충 살자…고 철 지난 유행어를 떠올리는 요즘. 분위기에 휩쓸리지 않으며 살고 싶다.

사실 갓생을 실천하는 이들을 보면 멋있다고 생각한다. 그리고 그들이 계속 그런 삶을 살 수 있기를 응원한다. 하지만 그건 쉽지 않을 것 같다. 우리는 신이 아니고 인간이기 때문이다. 인간은 지친다. 그러니 갓생을 살지 못한다 하더라도 너무 자책하지 말기를. 갓생의 이름에서 알 수 있듯 그건 인간의 삶이 아니다. 갓생은 전혀 인간답지 않다. (웃음)

대충 살기도 어렵고 갓생도 어렵고, 인생이란 이래저래 어려운 것인가 보다.

인생과 거리 두기

 마흔 살이 된 게 엊그제 같은데 어느새 오십을 코앞에 둔 나이가 되었다. 아악! 나이 먹는 거 정말 싫어.

 그나저나 이 정도 나이가 되면 사는 게 좀 쉬워질 줄 알았다. 중년이란 무릇 안정된 궤도에 오른 나이가 아니던가. 살 만큼 살았으니 인생도 익숙해지고, 경험이 쌓인 만큼 현명해질 것이라고 생각했다.

 "어이, 이래 봬도 내가 인생 쓴맛 단맛 다 본 사람이야."

 더 이상 놀랄 것도 힘들 것도 없지 않을까 싶었는데, 아

늙어가는 것이 아니라
　　익어가는 것이다.

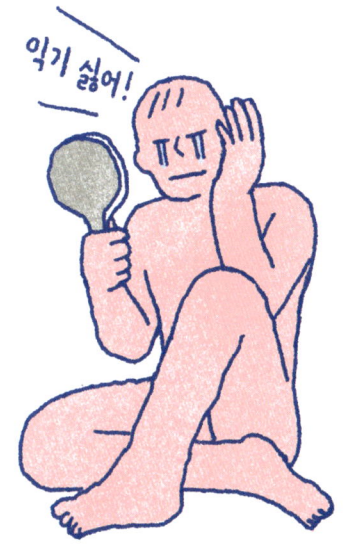

니었다. 인생은 늘 새롭다. 그 나이에 맞는 어려움이 항상 준비되어 있달까. 중년의 삶이 이렇게 변화무쌍할 줄 몰랐다. 나는 최근 크고 작은 변화와 거기서 비롯된 새로운 문제로 위기라면 위기를 겪고 있다. 그리고 나 자신이 전혀 현명해지지 않았음을, 그저 나이만 먹은 어린아이임을 깨닫고 실망하는 중이다. 사는 건 왜 이렇게 끝도 없이 힘든 걸까. 언제쯤이면 쉬워지는 걸까. 아마 인생은 우리를 편하게 내버려둘 생각이 없는 듯하다.

한 가지 다행인 건 이런 위기에도 내가 울지 않는다는 사실이다. 다 큰 어른이 울지 않는 걸 자랑이라고 말하니 좀 없어 보이기는 하지만, 툭 하면 울던 지난날을 생각하면 스스로 대견하기까지 하다. 이제는 제법 초연하게 문제를 바라볼 수 있게 되었다. 좋게 말하면 단단해진 것이고, 나쁘게 말하면 무뎌졌다고 할 수 있겠다. 실제로 지금 내가 처한 많은 문제의 심각성에도 예전만큼 과하게 반응하진 않으려고 하는 편이다. 어쩌면 걱정에 쏟을 에너지가 부족한 탓일 수도.

사람들은 글과 그림만 보고 내가 유쾌하고 긍정적인 사

람일 거라고 오해하곤 한다. 그런 면이 없는 건 아니지만, 굳이 따지자면 나는 냉소적인 쪽에 더 가깝다. 무엇보다 이 세상과 삶을 밝게 바라보지 않는다.

살아간다는 건 기본적으로 고통스러운 일이라 생각한다. 과거에도 지금도 그 생각에는 변함이 없다. 달라진 게 있다면 그 고통을 대하는 태도일 것이다. 똑같은 것을 두고 과거엔 심각하고 무겁게 대했다면, 지금은 무덤덤하고 가볍게 대하려 하는 편이다. 그러니까 이건 내 선택이다.

우리는 삶을 선택할 수는 없지만 주어진 삶에 대한 태도, 리액션은 선택할 수 있다. 나는 이번 생을 진지하게 생각하지 않을 셈이다.

삶은 결코 가볍지도 쉽지도 않지만 그렇다고 꼭 무겁게 대할 필요는 없다. 아니, 오히려 가볍게 대할 필요가 있다. 가볍게 대하다 보면 정말 그렇게 느껴진다. 그런 착각 덕분에 사는 게 덜 힘들고 살 만하다는 느낌까지 받는다. 만약 내가 밝은 사람처럼 보인다면 바로 그런 마음가짐 때문일 것이다.

내가 삶을 조금 가볍게 대하는 게 가능해진 건 삶에 대한 기대랄까 애정이랄까, 그런 것이 조금 식어버린 무심한 상태가 됐기 때문이다. 그리고 그렇게 된 데는 나이가 큰 역할을 했다고 생각한다.

  어린 시절의 나는 내 삶을 지독히도 사랑했다. 내 삶을 정말 멋지게 만들고 싶다는 마음으로 가득 찼다. 기대가 컸고, 가능한 모든 것을 꿈꾸었다. 그것이 문제였는지도 모르겠다. 기대가 크면 실망이 크다고 했던가. 내가 사랑해마지않던 내 삶은 실망스럽기 그지없었다. 그것은 내내 별로였고 실패였다. 한마디로 꼴도 보기 싫었다. 아, 사랑과 미움은 종이 한 장 차이.

  나이가 들고 늙어간다는 건 아무리 생각해도 좋은 게 별로 없는데, 체념과 수용이 가능해진다는 점에선 좋다. 어느 정도 내려놓고 포기하게 된다. 누군가는 그런 변화를 슬프게 볼 수도 있겠지만, 나는 그것이 주는 장점이 더 크다고 생각하는 쪽이다. 이제는 예전만큼 내 삶을 사랑하지 않는다. 더 정확히 얘기하자면 콩깍지가 벗겨졌다. 예전의 난 사랑에 눈이 멀어 판타지를 가졌던 것 같다. 뭔가 대단한 게 있을 것이라는 환상 말이다. 그런데 살아보니 인생 정말 별거 없다는 걸 느낀다. 내 삶만 그런 걸까?

'인생 별거 없다'는 깨달음은 자칫 허무로 빠질 수도 있지만 반대로 별거 없기에 크게 연연하지 않는 자세를 갖게 해준다. 그리고 삶을 조금 떨어져서 바라보게 한다. 삶이란 가까이에서 보면 비극, 멀리서 보면 희극이라고 했다. 그래서 내가 생각하는 무심함은 웃는 얼굴을 하고 있다. 삶의 무게에 짓눌리지 않고 별일 아니라는 태도로 살아가는 담담함. 일희일비하지 않고 크게 흔들리지 않는 균형감.

무심함은 삶이 원하는 대로 흘러가지 않더라도 크게 절망하지 않는 것이다. 한발 떨어져서 보기에 쉽게 심각해지지 않는다. 삶을 덜 사랑하게 됐지만, 이상하게 더 경쾌하게 살아가고 있다. 사람 사이에도 적당한 거리가 필요하듯 삶과도 적당한 거리가 필요하다.

가볍게 산다는 것

원래는 가방을 즐겨 들었는데 언젠가부터 가방이 짐처럼 느껴졌다. 그래서 최근엔 가방 없이 빈손으로 다니는 일이 많다. 꼭 필요한 게 아니면 챙기지 않는다. 아니, 필요한 것이 있더라도 가방을 들기 싫어서 챙기지 않는다. 가만 보면 필요보다 가벼움을 더 중시하는 듯하다. 어쨌거나. 짐이 없으면 외출이 한결 가벼워진다. 가벼운 몸으로 나서는 홀가분함이 좋다.

얼마 전 후쿠오카에 다녀왔는데 당일치기 일정이었기에 따로 짐을 챙길 필요가 없었다. 여권과 스마트폰, 그리고 지갑 정도만 챙겨 맨몸으로 가는 해외여행이라니. 마치 동네 마실이라도 나온 듯 가벼운 몸으로 외국 거리를 걷고 있는 그 감각이 너무 신선해서 여행 내내 웃음이 떠나지 않았다. 그때 생각했다. 내 모든 여행이 이처럼 가벼웠으면 좋겠다고. 나아가 내 삶도 그랬으면 했다. 무겁지 않게, 아무것도 들지 않은 가벼운 상태이길.

생각해보면 나는 늘 가볍게 살길 바랐다. 하지만 그게 어디 말처럼 쉬운 일인가. 하룻밤만 자고 오는 여행에도 챙길 것이 얼마나 많은데, 하물며 인생은…. 어휴, 말하면 입만 아프다.

삶은 필연적으로 무거워질 수밖에 없다. 나이가 들수록 책임질 것과 지켜야 할 것이 많아진다. 당연히 그에 따른 걱정도 늘어간다. 삶의 무게에 눌려 숨이 막힌다. 마음 같아선 훌훌 벗어던지고 싶지만 그럴 수는 없다. 무겁다는 이유로 일이며 가족이며 모든 책임을 버리고 산속에 들어가 살 수는 없지 않은가.

삶은 들기 싫다고 들지 않을 수 있는 가방 같은 게 아니다. 가볍게 살고 싶지만, 그렇다고 무책임한 사람이 되고 싶진 않다.

일주일에 두세 번 헬스장에 간다. 가서 무거운 것을 들었다 놨다 하는 운동을 한다. 무거운 걸 싫어하는 내가 웨이트트레이닝을 시작한 이유는 몸무게를 줄이기 위해서였다.

성인이 된 후로 쭉 같은 몸무게를 유지했다. 특별히 관리하지 않아도 그랬기 때문에 앞으로도 계속 같은 몸무게로 살 줄 알았더랬다. 그런데 마흔 살이 넘어가면서 몸에 변화가 찾아왔다. 슬금슬금 체중이 느는가 싶더니 어느새 10킬로그램이 넘게 늘어버렸다. 특히 배와 옆구리에 살이 엄청나게 붙었다. 샤워할 때 벗은 몸으로 서서 아래를 내려다보면 튀어나온 배에 가려져 내 소중이(?)가 보이지 않는 지경에 이르렀고, 이대로 방치했다간 큰일 나겠다 싶어 헬스를 시작했다. 그리고 5년이 흘렀다.

헬스 5년 차니까 당연히 근육질 몸을 만들었을 것이라 생각하겠지만 전혀 그렇지 않다는 게 반전. 지금의 내 몸은 운동을 전혀 안 하는 몸이라고 봐도 될 만큼 평범하다(좀 창피해서 헬스한다는 얘기를 잘 안 한다). 근육은 그렇다 치고 몸무게는 줄어들었을까? 운동을 시작했을 때의 몸무게와 5년이 지난 지금의 몸무게는 놀랍게도 똑같다. 5년 동안 몸무게가 오르락내리락했지만, 결과적으로 몸무게를 줄이는 데 실패했다고 볼 수 있다.

그럼 나는 5년 동안 '뻘짓'을 한 것일까? 그건 아니다. 5년 전과 지금의 몸은 체중만 같을 뿐 다른 몸이다. 5년 전의 몸은 팔다리가 가늘고 유독 배와 옆구리가 튀어나온 전형적인 중년 남성의 몸이었다. 그에 반해 지금의 몸은 그럭저럭 균형이 잡혔다. 늘어난 체중이 몸 전체에 고루 분배된 것 같은 느낌이다. 뱃살도 많이 정리되었다. 물론 소중이도 다시 볼 수 있게 되었고. 그래서일까. 지금은 몸무게가 많이 나간다는 생각도, 줄여야겠다는 생각도 하지 않는다. 지금 몸무게는 내가 느끼기에 딱 적당한 것 같다.

이상하다. 무게는 그대로인데 전에는 무겁다 느끼고 지금은 적당하다 느끼니 말이다. 그 이유는 이게 무게의 문제가 아니라 균형의 문제이기 때문이다. 지금 체중은 예전의 나에겐 맞지 않는 무게였다. 즉 내 몸이 감당하기 어려웠다. 그런데 지금의 나는 이 무게에도 균형을 잃지 않는 몸이 되었다. 어느덧 나는 이 무게를 감당할 수 있는 사람이 된 것이다.

함께 사는 여자는 내가 무거운 짐을 들 때마다 걱정한

가볍게 살고 싶다

다. 너무 무거울까 봐 자꾸 짐을 나눠 들자고 한다. 그때마다 나는 이렇게 말한다.

"괜찮아. 이런 거 들려고 운동하는 거야."

실제로 나는 예전보다 무거운 걸 더 잘 들 수 있게 되었다. 가볍게 산다는 것도 그와 비슷하지 않을까. 무거운 삶을 더 잘 들 수 있게 되는 것이다. 단순히 버리고 비우는 것만 가지곤 가볍게 살기 어렵다. 우리에겐 버릴 수 없는 것들이 있기 때문이다. 내가 버텨야만 하는 무게가 반드시 있다.

그러므로 **가볍게 산다는 건 자신에게 주어진 무게를 가볍게 짊어질 수 있는 사람이 된다는 얘기다. 균형 잡힌 사람이 되는 것. 더 크고 강한 사람이 되는 것**. 그런 사람이 되기 위해 계속 노력하는 삶. 아아, 가볍게 산다는 건 생각보다 훨씬 더 멋진 일이 아닌가. 더더욱 가볍게 살고 싶어진다.

팀플레이

"걱정하지 마. 내가 돈 많이 벌어서 일 안 하고 평생 놀고먹게 해줄게."

함께 사는 여자가 요즘 일이 많지 않아 고민하는 내 어깨에 손을 올리며 말한다. 평생 놀고먹게 해준다고? 이보다 든든한 말이 있을까? 순간 모든 걱정거리가 사라지는 듯했다.

사실 그녀의 말이 현실이 될 가능성은 크지 않을 것이다. 그래도 좋다. 일이 잘 안 풀려도 자기가 뒤에서 버티고 있을 테니 걱정하지 말라는, 혼자서 다 책임질 필요 없다는, 너의 짐이 무겁다면 기꺼이 들어주겠다는 그녀의 마음만으로도 내가 짊어진 짐의 무게가 훨씬 가벼워진다.

최근 〈페어플레이〉라는 영화를 봤다. 주인공 남자와 여자는 같은 회사에 다니며 함께 사는 커플이다. 서로 사랑하고 최근 약혼도 했다. 행복한 일만 있을 것 같은 이들 관계에 문제가 생긴 건 여자가 승진하면서부터다.

남자는 회사에서 자기보다 높은 자리에 올라 경영진과 어울리며 큰돈을 버는 여자를 질투한다. 자기 능력이 부족하다는 생각은 하지 못하고 여자가 대표와 부정한 거래로 자기 자리를 빼앗았다고 믿는다. 그러면서 둘 사이에 균열이 생기고 관계는 파국으로 치닫는다. 영화 내내 이어지는 남자의 지질함을 지켜보자니 한숨이 나왔다. 마지막에 이르러선 자기가 위로 올라가지 못하게 되자 여자의 커리어를 망가뜨리려고 든다.

아니, 사랑하는 사람이 잘되는 게 그렇게 힘든 일이란 말인가? 못난 놈. 제 복을 제 발로 차버리는구나. 얼굴도 예쁘고, 성격도 좋고, 능력도 뛰어나고, 돈도 잘 버는 여자가 내 짝이다? 세상에 이런 복이 어디 있단 말인가. 복도

받을 준비가 되어 있는 놈이 받는가 싶다. 그는 그걸 복이라 생각하지 못하고 열등감에 빠져서 모든 걸 망쳐버린다.

난 내 짝이 나보다 더 잘나간다고 해도 전혀 속상하지 않을 것 같다. 그동안 일이 잘 안 풀리던 그녀를 생각하면 오히려 축하해주고 싶은 마음이 들지 않을까. 그리고 더불어 그녀 덕 좀 보면서 사는 달콤한 꿈도 꾼다. 이렇게 생각하는 걸 보니 지금의 난 확실히 '팀플레이'를 하고 있구나 싶다.

과거의 내 삶은 철저히 개인전이었다. 누구에게도 의지하지 말고 혼자 힘으로만 살아야 한다고 생각했다. 인생은 각자도생이라 여겼던 거다. 그래서였을까? 누군가를 만나 함께 살아가는 데 관심이 없어서 일찍부터 혼자 살기로 결심했다. 언제나 내 미래를 상상할 때면 가정도 꾸리지 않고 혼자 살아가는 모습이 그려졌다. 그리고 그 모습이 싫지 않았다. 고독하지만 혼자 홀가분하게 살아가는 것이 내가 원하는 삶이었기 때문이다.

그런데 무슨 운명의 장난인지 한 여자와 같이 살아가고 있다. 특별히 생각의 변화를 겪은 것도 아니고 정말 어쩌다 보니, 너무 스무스하게 이렇게 된 거라 거부할 생각도 못했다. 봐라, 인생은 절대 원하는 대로 흘러가지 않는다. (웃음) 그렇다고 나쁘다는 건 아니다. 혼자 사는 삶은 여전히 내 로망이지만, 이왕 이렇게 된 거 어쩌겠나. 이번 생은 함께 사는 거지 뭐.

몰랐는데 의외로 함께 사는 게 나에게 잘 맞는 것 같다. 솔로 가수로 활동하다가 듀엣으로 활동하는 느낌이랄까.

듀엣 활동이 마냥 쉽진 않지만 부담이 덜한 게 사실이다. 무대에 혼자 서는 것과 함께 서는 것에는 큰 차이가 있다. 부족한 부분을 파트너가 보완해줄 거라는 믿음이 있다. 그렇게 서로 의지하며 잘 활동하고 있다.

그런데 멤버가 그녀 아닌 다른 사람이었다면 얘기가 달랐을 거다. 아니, 그녀가 아니었다면 내가 누군가와 함께 팀을 이루는 일도 없었을 거다. 대충 우리가 천생연분이라는 얘기다.

"어떤 점이 좋아서 나랑 사귀었어?"

언젠가 그녀가 물었고 나는 "웃겨서"라고 답했다. 순간 실망하는 그녀의 눈빛을 보았다. 아아, 뭔가 크게 실수한 것 같다. 하지만 그건 사실인걸. 그녀는 나를 자주 웃게 만든다. 그래서일까, 그녀와 함께 살고 나서는 사는 게 즐겁다는 생각을 자주 한다. 즐거운 삶. 무겁게만 느껴지던 내 삶은 그렇게 가벼워진다.

자, 여기까지가 팀플레이의 좋은 점이다. 갑자기 분위기를 깨서 미안한데 당연히 나쁜 점도 있다. 좋은 점만 있다면 모두가 팀으로 활동하지 솔로 활동은 왜 하겠나? 팀플레이의 단점을 말할 것 같으면… 음, 아니다. 이번엔 좋은 점만 보고 대충 넘어가자.

성장통

전날 하체 운동을 한 탓에 다리에 알이 뱄다. 앉을 때도 아프고, 일어설 때도 아프고, 계단을 내려갈 땐 갓 태어난 송아지처럼 다리가 후들거린다. 그렇게 하루 종일 끙끙대며 이런 생각을 했다.

'어제 운동 제대로 됐네.'

너무 당연하다고 생각했는데 그 표현이 갑자기 낯설게 느껴졌다. '고통'이 '제대로'라는 단어와 묶일 수 있는 거였나? "아프니까 잘됐다"라는 건 아무리 봐도 너무 이상한 말이었다. 하지만 근육이 성장하는 원리를 생각하면 잘된 게 맞다. 과부하를 통해 근육에 상처를 내고, 손상된 근육이 아물면서 성장이 이루어진다. 그걸 계속 반복하면 근육은 더 커지고 단단해진다. 즉 고통 없이는 성장도 없다는 얘기다.

근육만 그런 게 아니다. 생각해보면 모든 성장은 고통을 통해 이뤄진다. 성장 영화만 봐도 그렇다. 수많은 성장 영화의 기본 공식은 동일하다. 주인공이 고통을 겪는다. 그것을 이겨낸다. 그리고 성장한다.

흔히 고통은 나쁜 것, 불필요한 것으로 생각하지만 이렇게 보면 고통이 꼭 나쁜 것만은 아닌 것 같다.

앞으로 고통이 찾아올 때 이 사실을 떠올릴 수 있다면 좋겠다. '아, 괴롭다. 제대로 성장하겠네'라고.

고통을 잘 이겨내고 나면 우리는 조금 더 단단해질 것이다. 나 역시 이런저런 좌절과 고난을 겪으며 조금은 더 단단해졌다. 예전만큼 잘 울지도 않고, 상처도 덜 받게 되었다. 마음에도 굳은살이 생기는 모양이다. 그래서 다시 어린 시절로 돌아가고 싶진 않다고 생각한다.

굳은살이 생기기 전의 그 여린 마음으로 다시 살아야 한

다니. 내가 어떻게 여기까지 왔는데, 절레절레. 영 마음이 내키지 않는다. 물론 젊은 시절의 싱싱함은 너무나도 되찾고 싶은 것이지만 다시 그 시절의 아픔을 겪을 엄두가 나지 않는다. 그건 군대에 갔다 왔는데 또 가라고 하는 것과 같은 소리다. 세상엔 한 번으로 족한 것들이 있다.

언젠가 성공한 사업가가 자신은 젊은 시절로 돌아갈 수 있다면 전 재산을 내놓을 수 있다고 말하는 걸 들었다. 젊음이 얼마나 소중하고 좋은 것인지 앞에 있는 젊은이들에게 알려주고 싶어서 한 얘기 같은데, 어쩐 일인지 나는 좋게 들리지 않았다.

알다시피 젊은 시절이 마냥 좋은 것은 아니다. 여리고 순수하기에 더 많이 상처받고 방황하고 불안한 시절이기도 하다. 그야말로 매일 성장통을 느끼는 성장기다. 그 고통의 시절을 버텨내고 어른이 된 사람이라면 다시 젊은 시절로 돌아가고 싶다는 생각은 잘 안 하게 된다. 어쩌면 그 유명인은 운이 좋아 별로 고통을 느끼지 않고 젊은 시절을 보낸 게 아닐까 하는 생각마저 들었다. 끝내주게 좋은 젊은 시절을 보낸 모양이다. 근거도 없고 논리적이지도 않은, 어디까지나 편협한 내 느낌이다(몇 년 후 그는 부도덕하고 불법적인 행위를 한 것으로 밝혀지며 이미지가 완전히 추락해버렸다).

 나는 내놓을 재산이 없어 젊은 시절로 돌아가진 못할 거다. 그래도 아쉽지 않다. 아무리 생각해도 옛날보단 지금이 나은 것 같다. 대단한 걸 이루어서가 아니다. 어제보단 오늘이 조금씩 나아지는 삶을 살고 있다고 생각하기 때문이다. '나'라는 사람을 생각했을 때, 지금이 가장 나은 버전이라고 생각한다. 어린 시절의 나를 생각하면… 아휴, 그건 못쓴다. 인간이 덜됐다. 지금은 그것보단 조금 나은 사람이 되었다. 그리고 나이가 들어가면서 더 업그레이드된 사람이 될 거라 믿는다. 아니, 그렇게 되고 싶다. 이런 걸 보면 나는 꽤 제대로 살고 있는 게 아닐까 하는 생각이 든다.

 내 마음은 과거에 있지 않고 현재에 있다. 지금의 모습에 감사하고 만족하는 편이다. 앞으로도 계속 이런 마음으로 살 수 있기를. 사람 일은 모르는 거라서 나도 나중에 젊은 시절로 돌아갈 수만 있다면 무슨 일이든 하겠다고 할지도 모르겠다. 아아, 그런 어른은 되기 싫은데.

 성장에 대한 영화 하면 〈센과 치히로의 행방불명〉이 가장 먼저 떠오른다. 이 영화의 모든 장면을 좋아하지만 특히 좋아하는 장면은 엔딩 신이다. 신비한 터널 속으로 들어가 온갖 고생과 모험을 경험한 치히로는 드디어 현실 세계로 돌아오게 된다. 터널을 다 빠져나갈 때까지 절대 뒤돌아보지 말라는 당부를 들은 치히로는 터널을 다 빠져나와서야 자신이 지나온 그 구멍을 돌아본다. 한참 동안 검고 검은 터널의 입구를 바라보는 치히로의 옆얼굴. 부모님이 빨리 오라고 부르는 소리에도 터널을 가만히 응시하던 소녀는 순간 뭔가 결심한 듯 고개를 반대편으로 휙 돌려 화면 밖으로 사라진다. 그렇게 터널과 점점 멀어지며 영화는 끝난다.

나는 그 장면을 볼 때마다 눈물이 날 것 같다. 다 끝났기에 후련하고 그립기도 한 나의 지난날. 하지만 우리는 과거에 머물러선 안 된다. 미련 없이 그것들을 뒤로하고 앞으로 나아가야 한다. 상처 입고 고통받는다고 다 성장하는 것은 아니다. 상처를 이겨내고 회복해야 그제야 성장하는 거다. 계속 상처 속에, 과거 속에 머물러 있으면 성장은 없다. 이래저래 성장이란 뒤돌아보지 않는 것이 아닐까.

운을
믿는다는 것

 운을 믿는다. 지금은 이렇게 자신 있게 말하지만, 사실 운을 믿은 지는 그리 오래되지 않았다.

 전엔 운을 전혀 믿지 않았다. 운이란 건 없다고 생각했다. 인생이란 자신의 힘과 능력으로 만들어가는 것. 그렇기에 환경이나 타고난 재능, 운 따위를 들먹이는 건 모두 핑계에 불과하다고 생각했다. 학교에서 그렇게 배우기도 했지만 무엇보다 그게 사실이라고 믿고 싶었던 것 같다. 운이라곤 눈을 씻고 찾아봐도 없는 내가 기댈 건 오직 노력뿐이었으니까. 운 같은 걸 바라지 말고 오직 내 힘으로 행복한 삶을 만들겠다고 다짐했다.

운에 대해 다시 생각하게 된 건 '알랭 드 보통'의 『불안』을 읽고부터였다.

알랭 드 보통은 현대인이 느끼는 불안과 불행의 원인 중 하나로 '능력주의'를 꼽았다. 과거엔 가난한 사람들을 '운이 없는 사람들'이라고 불렀다고 한다. 그도 그럴 것이 타고난 신분에 따라 지위가 주어지는 세상이었으니 가난한 건 개인의 잘못이 아니라 운이 없기 때문이라고 보는 게 당연하다. 그러나 현대엔 가난한 사람들을 '무능력한 사람들' 혹은 '게으른 사람들'이라 부른다. 현대사회가 그런 잔인한 시각을 지니게 된 건 능력주의 때문이다. 능력주의는 운을 믿지 않는다. 모든 게 개인의 능력에 달렸다고 본다. 그러므로 능력주의 사회에서 가난은 철저히 개인의 잘못이 된다.

그런데 가난한 사람들은 정말 무능하고 게으를까? 누구는 부잣집에서 태어나고 누구는 가난한 집에서 태어난다. 누구는 잘사는 나라에 태어나고 누구는 못사는 나라에 태어난다. 이런 차이는 정말 인생에 아무런 영향을 주지 않는 걸까? 태어나보니 재벌집 아들이고 그 상태로 계속 재벌로 사는 건 그의 능력이 뛰어나기 때문일까? 태어나보니 그곳이 북한이거나 기아와 내전에 시달리는 아프리카의 어느 나라라면 그는 무엇을 할 수 있을까? 적어도 노력이 통하는 나라에 태어나는 것도 운이 아니면 무엇이란 말인가.

이런 걸 생각하면 한 사람의 인생이 오직 그의 노력이나 능력에만 달려 있다고 말하긴 힘들 것 같다. 하지만 현대사회는 운조차 실력 탓으로 돌린다. 특히 실패의 원인으로 '불운'을 얘기하는 건 잘 받아들여지지 않는다. 한마디로 비겁한 변명이라는 것이다. 그런 까닭에 가난한 이들은 가난의 고통과 더불어 무능하고 게으르다는 모욕까지 짊어지게 되었다. 자신의 능력을 펼치지 못했던 과거의 신분 사회도 분명 힘들었겠지만 운을 지워버린 현대사회도 가혹하긴 마찬가지다.

재레드 다이아몬드의 『총, 균, 쇠』는 뉴기니 청년의 질문에서 시작되었다고 한다. 그 질문은 대충 이렇다.

"당신네 백인은 이렇게 많은 물건을 만들었는데 어째서 우리 뉴기니 원주민은 그런 물건을 만들지 못한 거죠?"

백인이 흑인보다 지능이 높고 우월하기 때문에? 아니면 흑인이 게으르기 때문에?

재레드 다이아몬드는 대륙 간 문명 발달의 불평등은 지리나 기후 등의 환경적 요인 때문이지 인종별 능력의 차이가 아니라고 얘기한다. 그러니까 백인이 더 특출난 게 아니라 문명과 과학이 더 발전하고 전파되기 쉬운 곳에 태어난 것뿐이라는 거다. 즉 운이 좋았단 얘기. 머리를 세게 얻어맞은 것 같은 기분이었다. 아, 이 세계는 운이 꽤 중요하게 작용하는 곳이로구나. 그래서 나는 운을 믿기로 했다. 여기서 말하는 운은 미신이나 무속, 사주팔자 같은 게 아니다. 인간이 예측할 수 없는 것, 인간의 능력이 닿지 않는 부분이 세상에 존재한다는 뜻이다.

한때는 운이나 비과학적이고 우연적인 것을 믿으면 내 삶을 망칠 것이라고 생각했다. 하지만 오히려 그 반대였다.

삶에서 운을 지워버린다면 훨씬 더 괴로운 삶을 맞이하게 된다. 여기 자연재해로 모든 것을 잃은 사람이 있다. 그에게 책임을 물을 수 있을까? 그가 당한 피해는 뭔가를 잘못했기 때문에 받은 벌이 아니다. 그가 무능하기 때문도

아니다. 그럼 뭘까? 그저 운이 없었을 뿐이다.

보라, 현대사회에도 분명 운은 존재한다. 살다 보면 내 잘못이 아닌데도 나쁜 일이 생긴다. 그건 자연재해와 같은 거다. 운을 믿는다는 건 그 사실을 받아들이는 일이다. 인생엔 내 힘으로 어쩔 수 없는 일도 있다는 걸 아는 거다. 운을 믿으면 운이 좋을 때가 아니라 운이 나쁠 때 도움이 된다.

운을 믿는다고 해서 노력할 필요가 없다는 뜻은 아니다. 노력은 여전히 우리의 강력한 무기다. 운명에 굴하지 않겠다는 의지다. 나약했던 인류는 열악한 환경을 바꾸고, 자연의 비밀을 하나씩 밝혀내고, 과학과 문화와 경제를 발전시켜 지구에서 가장 능력 있는 존재가 되었다. 그것까진 좋은데 좀 건방져진 건 사실이다. 마치 자신들이 운명을 포함한 모든 걸 통제할 수 있다고 믿는 태도는 문제가 있다. 운명과 대자연의 힘을 존중하고 겸손한 자세를 지녔던 과거 사람들에 비해 현대인들은 자신의 능력을 너무 과대평가한다. 인류는 좀 겸손해질 필요가 있다.

타임 슬립물을
보는 이유

 시간을 되돌리고자 하는 사람들의 열망은 참 대단하다. 이를 소재로 한 영화나 드라마가 꾸준히 만들어지고 있고 장르가 따로 존재할 정도다. 흔히 타임 슬립물이라 부르는데 나 역시 꽤 좋아하는 장르다.

 타임 슬립물의 주인공은 기본적으로 과거로 돌아가 무언가를 바꾸려 한다. 과거의 잘못된 선택을 바로잡아 자신의 인생을, 혹은 세계를 구하고 싶은 것이다. 그런 이유에서 나는 이 장르를 '후회의 장르'라 부르고 싶다. 살면서 누구나 후회되는 것 한두 가지쯤은 있기 마련이다. '아, 그때 그걸 했어야 했는데' 혹은 '그때 그걸 하지 말았어야 했는데' 하는 것들. 타임 슬립 영화는 그런 보편적인 감정을 건드리는 장르다. 만약 나에게도 과거로 갈 기회가 주어진다면 무엇을 바꿀까, 상상의 나래를 펼치게 만든다. 젊은 시절을 다시 사는 건 별로지만 후회되는 일 몇 가지 바꾸고 현재로 돌아오는 건 괜찮지 않을까.

과거로 갈 수만 있다면 후회됐던 일을 바로잡을 수 있을 것 같지만 타임 슬립 장르의 모든 주인공은 인생을 바꾸는 데 애를 먹는다. 과거를 바꾸고 현재로 돌아왔는데 크게 달라진 게 없거나, 그 문제는 원하는 대로 바뀌었지만 다른 것들이 달라져버려서 결과적으로 바꾸기 전만 못한 상태가 되곤 한다. 과거의 잘못된 선택 하나만 바꾸면 되는 줄 알았는데 그게 아닌 거다.

드라마 〈나인: 아홉 번의 시간여행〉에서는 '의지'라는 단어로 그걸 설명한다. 내게 내 인생을 원하는 방향으로 끌고 가려는 의지가 있듯, 다른 사람들도 각자 자신만의 의지가 있다는 것이다. 내가 무언가를 바꾸면 그와 연관된 사람들이 각각 자신이 원하는 쪽으로 가기 위해 전과는 다른 선택과 행동을 하면서 예상치 못한 결과가 나오게 된다.

우리는 관계 속에서 살아간다. 내 선택은 나와 연결된 사람들의 삶에 영향을 주고, 그들의 선택은 내 삶에 영향을 준다. 심지어 내 작은 행동은 나와 연결점이 없다고 생각한 사람들에게까지 영향을 끼친다. 나비의 날갯짓이 지구 반대편에 태풍을 일으키는 것처럼. 이걸 무슨 수로 계산해서 원하는 결과를 얻는단 말인가. 거의 불가능에 가까운 일이 아닌가? 그래서 타임 슬립물을 보면 원하는 삶을 만들어가는 것이 얼마나 어려운 일인지 깨닫게 된다. 인생이란 선택만 잘한다고 되는 것이 아니기 때문이다.

　현재의 결과는 과거 나의 잘못된 선택 하나만으로 이루어진 것이 아니다. 그러니 너무 후회하고 자책하지 말자. 타임 슬립물의 진짜 메시지는 이것이 아닐까 싶다. 그럼에도 영화 속 주인공들은 포기를 모른다. 계속 되돌아가 잘못을 바로잡으려 애쓴다. 하긴 나 역시 그런 기회가 주어진다면 어떻게든 최상의 결과를 만들려고 노력할 테니까.

　여기 조금 다른 선택을 하는 주인공도 있다. 영화 〈어바웃 타임〉의 주인공 '팀'이 그런 인물이다. 팀은 언제라도 과거로 돌아갈 수 있는 능력을 가지고 있다. 그런데 영화

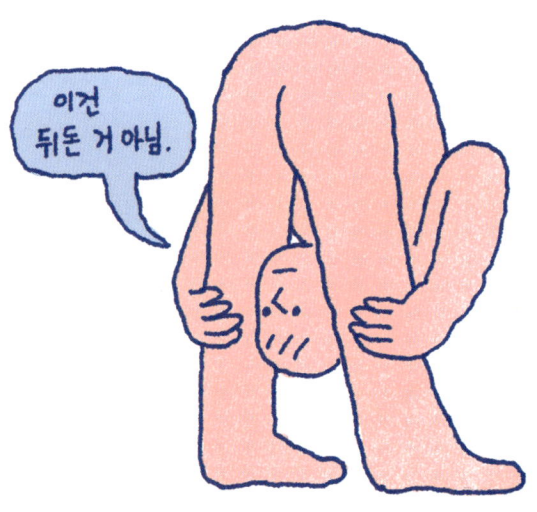

의 마지막이 되어선 그 능력을 쓰지 않고 살아가는 걸 선택한다.

  과거를 바꿀 때마다 자기와 연결된 사람들의 인생이 크고 작게 변한 걸 보면서 회의를 느낀 탓이다. 과거를 바꾸고 돌아왔는데 자신의 사랑하는 딸이 아들로 변해 있는 걸 봤을 땐 그야말로 충격을 받는다. 팀은 자신이 원하는 방향으로 과거를 바꾸는 것이 꼭 좋은 일은 아니라는 걸 깨닫는다. 그리고 내가 사랑하는 사람들이 지금 이 모습으로 존재한다는 게(안 좋은 모습도 포함해서) 얼마나 큰 행운인지 알게 된다. 그리고 그걸 지키고 싶어 한다. 그래서 그는 과거로 돌아가는 일을 그만둔다. 대신 지나가면 다신 볼 수 없는 오늘을, 이 시간을 후회 없이 마음껏 즐기려는 마음으로 하루하루 살아간다.

  팀과 같은 마음으로 하루를 살아가면 좋겠다. 사실상 마지막인 지금 이 순간을 눈에 담아두려는 마음으로 산다면 매일매일 감사와 기쁨이 가득할 것이다. 한순간도 놓치기 싫고 아쉬워서 헛되게 보내지 못할 듯하다. 물론 그렇게 살기란 참 어려운 것 같다. 나는 오늘도 별 감흥 없이 쓸데없는 짓들로 하루를 낭비해버렸다. 나는 왜 이 모양일까.

이러니 계속 후회하며 사는 수밖에.

한편으론 팀처럼 매일매일 벅찬 마음으로 사는 것도 정상은 아니라는 생각도 든다. 심장에 너무 무리가 간달까. 일찍 죽을 가능성이 높다. 그리고 매 순간 감동하고 작은 것에도 울컥하는 남자, 영 매력 없지 않나? 맞다. 괜히 딴지를 걸고 싶은 마음에서 하는 소리다.

아, 한 가지 의문이 드는 게 있다. 팀은 과거로 돌아갈 수 있다는 점을 이용해 돈을 벌 생각은 안 한다. 좋아하는 여자의 환심을 사거나, 작은 실수를 되돌리거나, 주변 사람들의 문제를 해결해주려고 시간 이동 능력을 쓴다. 나 같으면 제일 먼저 로또 1등 당첨 번호를 외워서 과거로 갈 텐데 말이다. 팀은 원래 욕심이 없는 사람인 게 분명하다. 욕심 없는 사람만이 후회 없이 감사한 마음으로 살아갈 수 있는 건지도 모른다.

어둠 속을
지날 때

 삶은 원래 쉬운 게 아니지만 유난히 더 힘든 시기가 있는 것 같다. 매일매일 울고 싶은, 빛 하나 들어오지 않는 깜깜한 터널 속을 지나는 것 같은 시절이.

 내게도 그런 시절이 있었다. 눈앞에 닥친 힘든 일도 문제였지만 그때 나를 더 힘들게 한 건 어떤 희망도 보이지 않는다는 사실이었다.

 아무리 생각해도 상황이 나아질 것 같지 않았다. 내겐 밝은 미래 따윈 없는 듯했고, 그렇게 어두운 상태가 영원히 지속될 것만 같은 공포에 자주 사로잡혔다. 그런 생각을 하다 보면 더 살아서 뭐 하나 싶은 마음이 일곤 했다.

그럴 때 한 이야기를 읽었다. 두 친구가 거리를 걷고 있는데 갑자기 큰비가 내렸다고 한다. 둘은 한 건물의 처마 밑으로 비를 피했다. 한참을 기다려도 비는 그칠 기색이 없고, 오히려 더 세차게 내리는 게 아닌가. 그때 보인 두 친구의 반응은 너무 달랐다. 한 명은 초조한 표정으로 비를 바라보는 반면 나머지 한 명은 너무도 평온하고 여유로운 표정을 짓고 있었다. 조바심이 난 친구가 이렇게 물었다.

"언제까지 비가 올 건지…. 이 비가 그치기는 할까?"
그 얘기를 듣던 다른 친구가 이렇게 답했다.
"자네, 그치지 않는 비를 본 적이 있나?"

아! 그치지 않는 비는 없다. 누구나 아는 당연한 사실이건만, 그때의 난 당연한 사실도 잊을 만큼 절망에 빠져 있었다. 그 이야기는 잊고 있던 진리를 다시금 일깨워주었다. 비는 반드시 그친다. 이 어둠도 반드시 끝난다. 그건 의심의 여지가 없는 팩트였다.

그럼에도 의심은 수그러들 줄 몰랐다. 혹시 비가 그치지 않는다면 어떡하지? 내 삶 전체가 어두운 터널이라면?

내 삶이 고통일 뿐이라도 그 고통 역시 영원하지 않을 것이다. 삶은 반드시 끝나니까. 죽음. 그것은 내게 일종의 보장 보험 같은 것이었다. 반드시 끝나게 되니까 걱정하지 말라는. 거기까지 생각이 이르자 안심이 되었다. 그리고 이상하리만치 살고 싶어졌다. 아무리 뭣 같은 인생이지만, 이것도 끝난다고 생각하니 아쉬웠달까. 그래, 어차피 죽는 거 미리 앞당길 필요는 없겠네. 세상 구경이나 좀 더 하다가는 거지. 그랬다. 만약 삶이 영원히 이어진다면 나는 살고 싶지 않았을지도 모른다. 결국 끝이 있기에 지금의 어려움도 버텨볼 만한 게 아닐까 싶다.

생의 마지막 순간이 찾아온다면 왠지 미련보다 후련함이 클 것 같다는 생각을 종종 하곤 한다. 드디어 끝났다는 안도. 고통도 번뇌도 즐거움도 없는 완벽한 쉼. 그런 고요를 기다린다. 물론 사는 데까지는 악착같이 살 생각이지만 말이다.

다시 돌아와서, 그 시절은 나의 짝꿍인 그녀에게도 꽤 힘든 시절이었다. 그러니까 그녀와 나는 각자의 인생에서 가장 어두운 시기에 만났다. 힘들었다면서 어떻게 연애는

했는지. 아니, 연애를 해서 그나마 견딜 수 있었는지도 모르겠다. 아무튼 그 시절의 우리 커플은 울 일이 많았다. 힘들어하는 서로에게 해줄 말이 별로 없었던 우리는 위로랍시고 장난스레 얘기하곤 했다.

"자네, 그치지 않는 비를 본 적이 있나?"

그 얘기에 잠시나마 웃을 수 있었던, 아아, 지금 생각해도 눈물이 날 것 같은 날들. 그리고….

비가 그쳤다. 정말 그치지 않는 비는 없다. 그렇게 힘들던 시절도 어느새 끝나고 조금은 숨 쉴 수 있을 것 같은 날들이 찾아왔다. 물론 비가 그쳤다고 인생이 완전히 달라진 것도, 맑은 날만 있는 것도 아니지만, 적어도 그때만큼 힘들지는 않은 것 같다. 요즘은 우는 날보다 웃는 날이 더 많은 듯하니 이 정도면 살 만하지 않은가. 그래도 그치지 않는 비에 대한 이야기는 남은 생 동안 계속 읊조리게 될 것 같다. 그 이야기 덕에 잘 버텼고, 앞으로도 그럴 거다.

그리는 삶

 나는 뭐 하는 사람일까? 어떻게 보면 정체성을 묻는 상당히 어려운 질문일 수 있는데 나는 별 고민 없이 '그리는 사람'이라고 답할 것 같다. 아주 어린 시절부터 그림을 그렸고 지금도 그림 그리는 일을 하고 있다. 거의 평생 그림을 그려왔으니 그림을 빼고 나라는 사람을 어떻게 설명해야 할지 잘 모르겠다.

 그런데 그림 그리는 사람이라고 자신 있게 말한 것치고는 그림을 안 그린 지 꽤 되었다. 거의 10개월 동안 그림을 단 한 장도 그리지 않았다. 그림을 그리지 않은 이유는 단순하다. 의뢰가 없었기 때문이다. 아무도 내게 그림을 맡

기지 않는다.

    요즘 폐업하는 자영업자가 그렇게 많다는데 나도 일종의 자영업자로서 비슷한 어려움을 느끼고 있다. 이건 역대급 불경기다. 한편으론 내 그림의 경쟁력이 떨어지고 있다는 얘기이기도 해서 마냥 경기 침체 탓만 할 순 없다. 이럴 때일수록 더 다양하고 새로운 그림을 그려서 나의 쓸모를 알려야 하는데, 그림 그리는 게 싫어서 마냥 손가락만 빨고 있다.

    그림 그리는 게 그렇게 싫은데 어떻게 이 일을 하냐고 의문을 가질 사람이 있을 거다. 처음부터 그림이 싫었으면 이렇게 오래 그림을 그렸겠나. 당연히 처음엔 그림 그리는 게 너무 좋고 즐거웠다. 지금과는 다르게 누가 시키지도 않았는데 시간 가는 줄 모르고 하루 종일 그림을 그렸더랬다. 내게 그림은 순수한 즐거움, 사랑이었다. 그러나 그걸로 대학에 가기 위해 입시 준비를 하고 밥벌이를 하면서 사랑은 퇴색되고 변질되어갔다. 그림을 그리는 게 마냥 즐겁지만은 않게 되었달까. 한마디로 사랑이 식었다. 콩깍지가 벗겨지고 현실적인 문제에 치이다 보면 그렇게 된다.

흔히 좋아하는 것을 직업으로 삼으면 일이 즐거울 거라 생각한다. 그럴 가능성이 높겠지만 문제는 마음이 변한다는 것이다. 사람의 마음은 변덕이 심해서 좋아하던 걸 싫어하기도 한다. 언제까지나 좋아하는 마음이 계속되진 않는다. 특히 일이 되는 순간 그것을 온전히 좋아하기란 쉽지 않다. 그런 이유에서 소설가 김영하는 좋아하는 일보다 잘하는 일을 직업으로 선택해야 한다고 말한 적이 있다. 잘하는 일은 변심해도 계속할 수 있기 때문이다.

다행히 나는 그림 그리는 걸 좋아하기도 했지만 잘하기도 했다. 그건 남들보다 그림 실력이 뛰어나다는 의미가 아니라 내가 할 수 있는 것들 중에는 그나마 그림이 제일 낫다는 뜻이다. 아무튼 그림 그리는 게 싫어진 이후에도 계속 그림을 그리며 살 수 있었던 건 내가 제일 잘하는 일이기 때문이었다.

한때는 내 재능이 원망스러웠던 적도 있었다. 못 그리는 건 아니지만 그렇다고 모두가 인정할 만큼 뛰어난 것도 아닌, 이도 저도 아닌 어중간한 재능. 이런 건 차라리 없는 편이 낫지 않나 생각도 했다. 맞다. 최고가 아니라면 의미 없다는 완벽주의적 마인드가 깔려 있었다. 그런데 지금 생각하면 이런 어중간한 재주라도 없었으면 어떻게 먹고살았을지 아찔해진다. 새삼 내가 가진 재주에 감사하게 된다. 감사하는 마음이 있다고 그림을 막 그리고 싶다거나 그렇게 되지 않는다는 게 좀 안타깝지만. (웃음)

그림을 그려온 세월을 생각해보면 처음 절반은 좋아서 그렸고, 나머지 절반은 싫은 걸 참으며 그렸다. 참으면서도 그린 이유는 당연히 먹고살기 위해서였다. 그 사실이 내내 답답했다. 일이란 인간에게 내려진 형벌이 아닐까 생각한 적도 많다. 그런데 최근 일감이 없다고 아예 손을 놓아버린 나 자신을 보면서 크게 깨달은 사실이 있다.

내가 지금까지 화가라는 정체성을 지킬 수 있었던 건 억지로라도 해야 했기 때문이라는 사실을 말이다.

만약 좋아하는 마음, 하고 싶다는 마음에만 의존했다면 나는 일찍이 그림을 그만두지 않았을까. 보라, 의뢰가 없으니 그림 한 장 그리지 않고 있질 않나. 이미 내 안에는 그림을 그리고 싶다는 순수한 동력은 사라진 게 아닐까 싶다. 강제성이 없으니 아무것도 하지 않는다. 내가 뭐라도 그리면서 경력을 쌓을 수 있었던 건 모두 해야만 하는 밥벌이 덕분이었다. 그리고 그게 생존이 걸리지 않은 거였다면, 그 정도의 압박이 없었다면 이렇게 오래 그림을 그릴 수 없었을 것이다. 더불어 그동안 꾸준히 일거리가 있었다는 사실이 얼마나 감사한 일이었는지 깨닫게 된다. 그런 생각에 이르자 일이라는 걸 다시 보게 되었다. 그동안 나를 괴롭히기만 하는 존재인 줄 알았는데 사실은 나를 구원하고 있던 건 아닐까?

평생 자유를 갈망했는데 나에겐 자유보단 구속과 압박이 더 큰 도움이 되는 건지도 모르겠다. 나는 계속 그림 그리는 삶을 살 수 있을까? 이제는 누가 일을 시키지 않으니 나 스스로 알아서 일을 만들어야 하는데, 그게 참 쉽지 않다. 이러다간 진짜 굶어 죽게 생겼다. 집에 철창을 만들어 두고 스스로 거기 갇혀서 글을 썼다던 소설가의 일화가 생각난다. 그 얘기를 들었을 땐 뭘 저렇게까지, 저건 오버라고 여겼는데 이제는 그 마음을 알 것도 같다.

2장 응용 자세

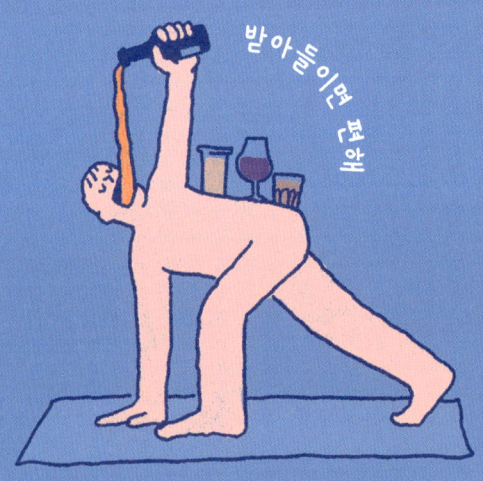

발명의 자세

할리우드 영화 주인공은 어떤 상황에서든 유머를 잃지 않는다. 머리에 총구가 겨눠진 채 협박받는 위급한 상황에서도 "너 입냄새 나는 거 알고 있니? 좀 떨어져서 얘기해줄래?" 하는 식의 농담을 한다. 〈007〉의 '제임스 본드'가 그랬고 〈다이하드〉의 '존 맥클레인'이 그랬다. 어린 내 눈엔 그게 굉장히 멋져 보였다. 저런 여유는 어디서 나오는 걸까 궁금해하면서.

그런데 생각해보면 그들의 여유는 비현실적이다. 당장 목숨이 왔다 갔다 하는데 실없는 농담이나 던지는 게 현실적으로 보일 수 있는 반응은 아니지 않나. 그래서일까, 그때 나오는 유머는 현실을 뛰어넘는 힘이 있다. 그 농담 하나로 상황이 역전되는 것이다.

입냄새 난다는 얘기에 악당이 평정심을 잃은 사이 주인공은 슈슉 움직여서 파박, 순식간에 악당을 제압해버린다. 죽을지도 모른다는 공포에 눌려 있었더라면 그런 전세 역전은 불가능했을 거다. 유머를 통해 그는 위기를, 공포를 뛰어넘는다.

소설가이자 시인이던 체스터턴은 '웃음은 일종의 도약'이라고 했다. 덧붙여서 '무거워지는 것은 쉽고 가벼워지는 것은 어렵다'라고도 했다. 사람은 의식하지 않으면 자연스럽게 무거워진다. 진지해지고 심각해지기 쉽다. 무거워지는 게 꼭 나쁜 것만은 아니지만 너무 무거우면 사는 게 힘들다. 무게에 눌려 나아가지 못한다. 그래서 삶에는 웃음이 필요하다. 웃음은 현실을 뛰어넘게 하고 삶을 가볍게 만든다. 힘든 상황에도 웃을 일이 있다면 잠시나마 현실을 잊을 수 있다. 그렇게 털어내고 또 나아간다. 그런 의미에서 유머를 잃지 않는 태도는 유용하며 생존을 위해 꼭 갖춰야 할 자세가 아닌가 싶다.

니체 역시 이렇게 말하지 않았던가. 세상에서 가장 고통받는 동물이 웃음을 발명했다고.

할리우드 영화 속 주인공들의 유머는 단순히 여유에서 오는 게 아닐지도 모른다. 어쩌면 그것은 절박함이 아니었을까. 위기를 넘기고 도약하기 위한 발명. 유머러스한 사람은 웃지 못할 상황에서도 웃을 일을 발명하는 사람이다. 아, 혹시 재미도 없는 아재 개그를 남발하는 수많은 아저씨도 그런 이유 때문이 아닐까. 무거운 삶으로부터 조금이라도 도약하고 싶은 몸부림 같은 것. 웃을 일이 없으니 말도 안 되는 발명품이라도 내놓는 것. 그렇게 생각하니 아저씨들의 아재 개그가 조금 안쓰럽게 느껴진다. 정작 아저씨들은 아무 생각 없이 하는 걸 수도 있지만.

위기 상황에서 농담을 던지는 것은 내 오랜 로망이었다. 그러나 그것이 얼마나 어려운 일인지 깨닫는 요즘이다.

최근 들어 화가 많아졌다. 예전 같으면 웃어넘길 일에도 울컥하고 화를 낸다. 옆 사람에겐 물론이고 말 못하는 고양이에게도 버럭 화를 내니, 나 때문에 분위기가 무겁게 가라앉는다. 그게 또 미안해서 입을 꾹 닫아버리니 분위기는 좀처럼 떠오를 줄 모른다. 아, 내가 왜 이러지?

이게 소위 중년의 위기인 걸까? 아니면 갱년기? 마음은 조급한데 되는 일은 하나도 없다. 불만과 불안이 번갈아 내 귀싸대기를 갈긴다. 물론 예전처럼 심하게 비관하거나 고통스러워하진 않지만 이는 위기가 분명하다. 그 증거로 유머를 잃어버렸다.

고백하자면 사람들을 웃기고 싶다는 은밀한 욕망이 있다. 어떤 상황에서도 그저 웃길 생각만 한다. 그래서 시도 때도 없이 농담을 하는 편이었는데 요즘은 농담을 잘 하지 않는다. 웃을 일도 없거니와 웃기고 싶지 않은 것이다. 그렇게 웃기려는 의지가 사라진 내 일상은 무거워지고 있다.

이것은 일종의 비명이다. 위기의 순간, 겁에 질려 소리를 지르고 있는 거다. 그리고 그건 전혀 주인공답지 않다. 영화 주인공처럼 조금 더 품위 있고 위트 있게 이 위기에 맞서고 싶다. 지금 내게 필요한 건 다름 아닌 멋진 농담이다.

이대로 삶의 무게에 눌릴 것인가. 아니면 웃음을 통해 도약할 것인가. 나는 발명가가 되어야 한다. 이럴 땐 어떤 농담을 하면 좋을까? 이도 저도 안 되면 아재 개그라도 해야 할 판이다.

다운사이징

 가정경제에 빨간불이 들어왔다. 경기 침체와 몇 가지 불운이 겹쳐 통장 잔고가 바닥을 보이고 설상가상 갑작스럽게 큰돈이 필요한 상황도 생기고…. 그야말로 발등에 불이 떨어졌다.

 그 문제를 해결하기 위해선 지금 사는 집의 보증금을 빼는 수밖에 없다는 결론이 나왔다. 그 말인즉슨 이사를 해야 한다는 뜻이다. 그런데 어디로 가야 하나? 보증금을 다 쓰고 나면 돈도 없는데.

 다행히 처가에 남는 방이 두 개 있어 그리로 거처를 옮기기로 했다. 길거리에 나앉게 되나 걱정했는데 처가 식구의 배려로 큰 걱정은 덜었다. 그러나 곧이어 또 다른 문제가 생겼다. 짐이 너무 많다는 것이었다. 방 세 개, 화장실 두 개, 거실과 부엌을 차지하고 있는 이 많은 짐을 방 두 개에 다 집어넣을 수 있을까?

  이 집에서 6년 가까이 살았다. 처음엔 단출하게 들어와서 살림을 늘리고 공간을 채워나가는 재미에 살았다. 6년 동안 신나게 물건을 샀고 마지막엔 집에 빈틈이 없을 정도였다. 그러다 보니 짐을 다 가지고 가는 건 코끼리를 냉장고에 넣는 것만큼이나 물리적으로 불가능한 일이었다. 그래서 이사 날까지 남은 두 달 동안 우리가 해야 할 일은 최대한 짐을 줄이는 거였다.

  많은 걸 버렸다. 가구도 버리고 가전제품도 버리고 그릇과 냄비, 책도 버렸다. 멀쩡한 물건들이었지만 다 가져갈 수 없으니 최소한의 것만 남기고 버리는 수밖에 없었다. 옷과 신발도 버렸다. 중간중간 안 입는 옷들을 정리했는데도 양이 많았다. 비싼 돈을 주고 샀지만 손이 잘 안 가는 옷, 새 옷이나 다름없지만 사이즈가 맞지 않는 옷, 유행이 지난 옷, 개성이 강해 범용성이 떨어지는 옷, 한때 좋아했지만 이젠 어울리지 않는 옷, 예쁘지만 불편한 옷 등등, 모두 처분 대상이었다. 그리고 끝도 없이 나오는 쓰레기, 쓰레기, 쓰레기. 종이 쇼핑백은 왜 그리 많이 모아두었는지, 다 먹은 소스 병은 언다 쓸려고 죄다 모아두었는지 도무지 알 수 없었다.

그 밖에도 언젠간 쓸 것 같아서, 버리기에 아까워서, 추억이 있어서 모아둔 수많은 잡동사니가 버려도 버려도 계속 나왔다. 이런 걸 다 짊어지고 살았구나. 어쩌면 지금의 상황은 위기가 아니라 기회인지도 모르겠다는 생각이 들었다. 불필요한 물건을 정리하고 가벼워질 기회 말이다.

버리고 비우는 것이 홀가분한 일인 것은 분명하지만 한편으론 마음이 상당히 복잡해지는 행위인 것 같다. 특히 나의 경우는 내면의 필요가 아니라 상황적인 필요에 따라 비워야 했다는 점에서 그랬다. 뭐랄까, 자꾸 울고 싶은 기분이 되었다. 내가 잘못해서 현 상태를 유지하지 못했다는 자책을 하지 않을 수 없었다. 규모를 줄이는 것이 마치 추락처럼 느껴졌다. 또 다른 면에선 무분별한 소비와 소유에 대한 반성도 있었다. 이렇게 버려질 것들에 많은 돈을 썼구나.

　결국 그다지 중요하지 않고 불필요한 것들에 둘러싸여 살았구나. 수많은 쓰레기를 만들어내는 데 일조하고 있구나. 아아, 내가 쓰레기다. 하지만 언제까지 감상에 젖어 있을 수만은 없는 일. 서두르지 않으면 안 된다.

　처음엔 잘 버리지 못하고 망설였는데 '웬만하면 다 버려' 열차에 탑승하자 무섭게 속도가 붙었다. 중간중간 너무 아까운 것들도 있었지만 미련을 갖지 않기로 했다. 나중에 필요하다면 그때 가서 다시 사는 한이 있더라도 지금은 버려야 한다는 마음으로 버렸다. 그렇게 두 달이 지나자 집의 맨얼굴이 드러났.

　아무것도 없는 벽을 본 게 얼마 만인지 몰랐다. 6년 전의 시작점으로 되돌아왔다. 맞아, 그때는 이렇게 적게 가지고 있었지. 그것은 아마 이전에 살던 공간 크기에 맞는 양이었을 것이다. 더 넓은 곳으로 오자 그 공간에 맞게 자연스레 짐이 늘어갔다. 이제 다시 좁은 곳으로 가게 되니 함부로 짐이 늘지는 못할 거다. 이거 좋은 건지 나쁜 건지 헷갈린다. 그러거나 말거나 이게 내게 주어진 새로운 공간이고 환경이다. 맞춰 살아야지 별수 있나.

이사는 무사히 마쳤다. 우여곡절이 많았지만 이사 온 곳에 물건들을 다 집어넣었다. 이제부터 여기가 내 집이다. 새로운 공간과 식구들에게 적응하려면 꽤 힘든 시간이 될 것 같지만, 뭐 잘 적응해봐야지. 여기서 잘 살아가는 게 이번 미션. 얼마나 많은 문제가 있든 지금은 그것만 생각하기로 한다. 아, 그리고 이번 주에 로또 사는 것 잊지 말아야지.

리듬에 몸을 맡기고

 최근 내 상황을 고려해봤을 때 운이 안 좋게 흘러가고 있는 건 분명하다. 한마디로 하락세다. 그리고 생각한다.

 '흠, 골짜기 구간인가.'

 주식 그래프를 보면 우상향하는 그래프라도 일직선으로 올라가는 그래프는 없다. 파도처럼 오르락내리락하기를 수도 없이 반복하면서 올라간다. 인생도 마찬가지여서 살아간다는 건 수많은 너울을 타고 나아가는 거라 생각한다.
 나는 지금 수많은 오르락내리락 중 내려가는 골짜기에

있다. 이 골짜기 구간을 지나면 다시 오르막이 나오고 꽤 괜찮은 시기가 찾아올 거다. 그리고 그다음엔 또 안 좋은 시기가 올 거고. 좋은 시기와 안 좋은 시기를 번갈아 겪으며 나아가는 게 인생이다. 그러니 지금 닥친 어려움에 너무 절망할 필요는 없다고 마음을 다독인다. 지금은 내려가는 것 같아도 결국 멀리서 보면 우상향하는 그래프가 될 거라 믿고 있다. 어떻게 우상향을 장담하냐고, 오르락내리락하며 우하향하는 그래프일 수도 있지 않냐고 누군가 묻는다면 이렇게 답하고 싶다.

"닥쳐! 재수 없는 소리 하지 마."

내 인생이 우상향일지 우하향일지 사실 나도 모른다. 다만 앞으로가 더 좋을 거라는 기대를 가지고 살고 싶을 뿐이다. 어쩌면 인생은 상향, 하향이 무의미한지도 모른다. 그저 끊임없는 파도의 너울을 타고 쉴 새 없이 오르내리며 바다 건너 목적지, 죽음에 도착하는 게 전부일지도. 아무튼. **인생의 오르내림을 당연하게 생각하면서부터 힘든 시기를 조금 더 잘 버틸 수 있게 되었다.**

예전엔 힘든 시간을 단순히 잘못된 시간이라 생각했다. 불필요하며 있어서는 안 되는 시간. 그래서 빨리 벗어나야 하는 시간이라고.

이제는 잘못되어가고 있는 게 아니란 걸 안다. 이건 계절의 순환처럼 자연스러운 흐름, 일종의 리듬이다. 물론 하락이 즐거운 일은 아니라 화도 나고 불안하기도 하지만, 마냥 비관적이진 않다. 이 내리막도 영원하지 않을 터. 골짜기 너머의 빛을 본다.

최근 몇 년 동안 운이 좋았다. 모든 게 잘 풀렸고 덕분에 인생의 방학을 맞이한 것처럼 한가하고 태평한 시간을 보냈다.

'이렇게 아무 문제 없어도 되나?'

종종 내가 태풍의 눈 속에 들어와 있는 것 같다는 생각을 했다. 살면서 이토록 잔잔하고 고요한 날들이 있었던가? 앞으로 또 있을까? 어쩌면 이번이 처음이자 마지막일 수도 있겠다는 예감이 들었다. 그리고 예감은 잘 틀리지 않는다. 그런 의미에서 당시 나는 인생에서 가장 좋은 시기를 지나고 있다는 걸 자각하고 있었다. 더불어 그것이 영원하지 않을 거라는 사실도. 자, 올라왔으니 이제 내려가야지? 이상하게 들릴지 모르겠지만, 나는 내리막을 줄곧 기다리고 있었다.

드디어 좋은 시절은 끝났다. 나는 이제 어두운 골짜기를 향해 뚜벅뚜벅 내려가고 있다. 여기까진 예상했던 거라 당황스럽진 않은데 문제는 어디까지 내려가는지 알 수 없다는 점이다. 생각보다 오래 깊은 골짜기를 헤매고 다닐 수도 있다. 그렇다면 어떤 마음으로 길고 긴 시간을 보내야 할까?

과거의 나는 고민과 불안, 울음으로 그 시간을 가득 채웠다. 그걸 노력이라 착각했다. 그러나 그런 행동은 힘든 기간을 조금도 줄여주지 않았다. 울어도, 울지 않아도 시간은 똑같이 흘러간다.

이제는 어떤 자세로 이 시간을 보내야 하는지 조금 알 것 같다. 내가 할 일은 온몸의 힘을 빼고 리듬에 몸을 맡기는 것. 그래야 덜 힘들고 덜 다친다. 이걸 이겨내겠다거나 버텨내겠다는 마음은 버리자. 그런 마음을 먹는 것만으로도 저절로 몸에 힘이 들어가니까. 최대한 아무 생각 없이, 자연스럽게, 흘러가듯. 그게 생각처럼 잘되진 않겠지만, 아무튼 그런 자세를 취해본다.

부러운 인생

개인적으로 닮고 싶은 사람이 있다. 바로 영화감독 장항준인데 그는 '인생은 장항준처럼'이라는 말이 나돌 정도로 많은 사람의 부러움을 받는 삶을 살고 있다.

그의 어떤 점이 가장 부럽고 닮고 싶으냐 묻는다면 당연히 아내가 '김은희' 작가라는 것일 테다. 맞다. 나도 잘나가는 아내 덕에 호의호식하며 살고 싶다는 얘기다. 감독님은 진짜 복도 많으셔.

그는 아내의 성공을 자기 일처럼 기뻐하고 자랑스러워한다. 자기보다 성공하고 인정받는 아내를 보며 주눅이 들거나 시샘이 날 법도 한데, 그런 모습은 찾아볼 수 없다. 오히려 아내가 번 돈 쓰는 재미에 산다며 너스레를 떤다. 누군가는 사내가 자존심도 없이 좋아한다고 흉을 볼지도 모르겠지만, 그런 그의 모습은 내가 생각하는 이상적인 부부의 모습이다. 부부 생활이란 개인전이 아닌 팀플레이니까 말이다.

같은 팀이라도 비교당하면 자괴감이나 열등감이 생길 수 있다. 그러나 장항준 감독에겐 해당하지 않는 얘기다. 한마디로 그는 세간의 말이나 시선에 타격받지 않는다. 때려도 때려도 상처를 입힐 수 없는 구름이나 깃털처럼 가볍고 유연하다. 그건 웬만큼 자존감이 높지 않고서는 불가능한 일일 것이다.

예전엔 무섭고 진지한 사람이 강한 줄 알았는데, 가벼워 보이는 사람이 훨씬 더 강한 캐릭터라는 걸 요즘 느낀다.

사실 내가 장항준 감독을 부러워하는 진짜 이유는 그의 아내가 아니라 그가 살아가는 방식, 태도다. 그처럼 가벼운 사람이 되고 싶다. 그는 심각하지 않은 자세로 산다. 부부가 일도 돈도 없이 가난하게 지내던 시절에도 크게 걱정하거나 불안해하지 않았다고 한다. 오히려 돈이 없어서 느끼는 재미가 있다며 그 시절을 즐거운 시간으로 기억하고 있는 그의 여유와 태평함. 그의 낙관적인 태도는 정말 닮고 싶은 부분이다.

아, 그리고 그의 유머를 빼놓으면 섭하다. 장항준 감독은 얘기를 참 재미있게 한다. 그가 입을 열면 그냥 빠져든다. 그리고 쉴 새 없이 웃게 된다. 그는 주변 사람을 즐겁게 만드는 걸 좋아한다. 그래서 사람들은 그를 사랑하고 그는 사랑을 듬뿍 받으며 산다. 삶을 대하는 자세부터 뛰어난 유머 감각까지, 그의 모든 걸 닮고 싶다.

어떻게 하면 장항준 같은 자세로 살 수 있을까? 음, 결론부터 얘기하자면 그처럼 살기는 힘들 것 같다. 그는 살면서 불안이나 우울을 별로 느껴본 적이 없다고 한다. 그리고 그 이유에 대해 타고난 성격이 그렇다고 답했다. 아… 그 대답을 들은 나는 우울해진다. 소심하고 걱정이 많고 내향적인 성격을 타고난 나 같은 사람은 죽었다 깨어나도 장항준처럼 못 산다는 뜻이니 얼마나 우울한 얘긴가.

서은국 교수님이 쓴 『행복의 기원』(내가 정말 좋아하는 책 중 하나다)엔 다소 충격적이고 우울한 내용이 나온다. 오랫동안 행복을 연구한 학자들은 행복에 절대적인 영향을 미치는 요인으로 유전을 꼽는다고 한다. 즉 행복한 성향을 타고 태어난 사람들이 있다는 말이다. 더 구체적으로 얘기하면 외향성을 지니고 태어난 사람들이 더 행복하다. 물론 DNA가 행복을 100퍼센트 결정하는 것은 아니지만 50퍼센트 정도는 유전과 관련이 있다고 한다. 그래서 '행복해지려는 노력은 키가 커지려는 노력만큼 덧없다'고 극단적인 표현을 하는 학자도 있다. 만약 당신이 덜 행복하다고 느낀다면 그 이유는 단순히 타고난 성격 때문일 수도 있다는 의미다.

예전에 이런 얘기를 들었다면 아마 펄쩍 뛰며 화를 냈을 것이다. 뭔가 운명론적인, 결국 처음부터 정해진 거라는 얘기는 받아들일 수 없었다. 그런데 다들 알지 않나. 타고난 것들(가정환경, 성격, 외모, 재능…)이 인생에 얼마나 큰 영향을 미치는지.

누구는 좀 더 좋은 걸 가지고 태어나고, 누구는 좀 못한 걸 가지고 태어난다. 불편한 얘기지만, 인생은 불공평하다. 그런 불공평을 무턱대고 부정하려고만 했는데 이제는 그러지 않는다. 앞에서 얘기한 대로 운을 믿고 나서부터 인생의 불편한 진실을 좀 더 편하게 받아들이게 되었다. 각자 다른 운을 가지고 태어나는 걸 어쩌겠는가. 그래도 다행인 건 타고난 운이 인생을 100퍼센트 결정하는 건 아니란 사실이다. 절반 정도는 우리가 어떻게 하느냐에 달려 있으니 너무 절망할 필요는 없지 않을까? 흠, 별로 위로가 되진 않는 것 같다. 이런 문제 앞에선 약간 무력해지는 듯한 기분이 든다.

내가 가지지 못한 걸 가진 사람들을 보면 부러운 마음이 절로 일어난다. 나도 저 사람처럼 돈이 많았으면, 나도 저 사람처럼 얼굴이 잘생겼으면, 나도 저 사람처럼 인기가 많았으면…. 부러운 마음은 자연스럽게 열등감과 시기, 질투를 일으킨다. 부러움은 괴로움이다. 그래서 부러운 마음이 들 때마다 그 마음을 애써 외면하거나 부정하려 들었다. 하나도 부럽지 않아, 라고.

이제는 부러운 마음이 들 때 그 마음을 부정하지 않는다. 오히려 그 마음을 더 크게 만들어 아낌없이 부러워하는 편이다. 마치 부러운 마음을 남기지 않으려는 것처럼.

"와! 저 사람 진짜 좋겠다. 정말 정말 부럽다."

아, 중요한 포인트는 거기에 축하의 마음을 담는 것이다. 내가 가지지 못한 걸 가진 그들의 행운을 있는 힘껏 축하한다. 축하해요, 축하해요, 정말 축하해요. 그러고 나면 부러운 마음이 어둡고 부정적인 쪽으로 흘러가지 않는 것 같다. 축하의 밝은 여운만 남아 내 부러움은 기분 좋은 기억이 된다. 그 덕분인지 요즘은 부러운 사람을 봐도 크게 괴로운 마음이 들지 않는다.

하지만 일부러 그런 효과를 노리고 축하하는 건 아니다. 진심에서 우러나서 하는 거다. 언젠가부터 남들이 지닌 행운을 보면 축하해주고 싶은 마음이 생겼다. 그건 축하할 일이 분명하다. 질투하거나 망하기를 기도할 수도 있지만 그러고 싶지 않다. 나도 언젠간 남들이 부러워할 행운을 잡게 될 수도 있지 않은가. 뿌린 대로 거두는 법이니 미리미리 축하의 마음을 세상에 뿌려둔다.

어쩌면 이미 나를 부러워하는 사람이 있을지도 모르겠다. 아아, 만약 그렇다면 그건 정말 뭘 몰라서 그러는 건데…. 결국 부러운 인생이란 전부가 아니라 겉으로 보이는 일부일 뿐이다. 자세히 알고 보면 그 사람의 인생이 전혀 부럽지 않을 수도….

초심
잃어버리기

 아무 생각 없던 어린 시절이 지나고 머리가 굵어지자 나에게도 가치관이랄까 신념 같은 것이 하나둘 생기기 시작했다. 그러면서 이것저것 결심을 하게 됐다. "나는 절대 ○○하지 않을 거야!" 같은 결심 말이다.

 아버지처럼 게으른 사람은 절대 되지 않을 거야, 절대 결혼은 하지 않을 거야, 절대 빚을 지지 않을 거야, 절대 가난하게 살지 않을 거야…. 그렇게 수많은 '절대 결심'이 생겼고, 꽤 오랫동안 그것들을 지키려 애써왔다. 남아일언중천금(男兒一言重千金). 한번 결심한 것은 무슨 일이 있어도 지켜야 한다고 생각했다. 그리고 중년이 된 지금, 그 결심

들을 대부분 지키지 못했다.

스스로에게 한 약속이니 어겼다고 타인에게 피해가 가는 건 아니지만 지금 심정은 "절대 다시 노래하는 일은 없을 겁니다"라는 말을 남기고 은퇴한 가수가 몇 년 후 새로운 노래로 컴백하려 할 때의 마음이랄까. 아주 민망하기 짝이 없다. 이럴 줄 알았으면 내 결심을 남들에게 떠벌리지는 않았을 텐데.

절대 다시 노래하지 않겠다는 가수의 마음은 진심이었을 것이다. 당시에는 다시는 노래를 부르고 싶지 않은 마음이었을 테고, 그 마음이 절대 변하지 않을 것이라 생각했을 거다. 그런데 시간이 지나면서 마음도 좀 누그러지고, 상황도 변하고, 무엇보다 노래를 다시 하고 싶다는 마음이 일어나니 어쩌겠는가. 민망함을 무릅쓰고 은퇴를 번복할 수밖에.

오히려 그가 자신이 뱉은 말에 갇혀 절대 노래해선 안 된다고 생각했다면 불행한 삶을 살아야 했을 것이다. 차라리 한번 '쪽팔리고 말자' 마음먹은 건 참 잘한 일이다. 그럼에도 그가 좀 경솔했던 건 사실이다. 좀 더 현명했더라면 '절대'라는 단어는 쓰지 않았을 것이다. "나중엔 모르겠지만, 지금 당장은 노래를 쉬고 싶은 마음입니다"처럼 미래 일을 장담하지 않고, 지금의 마음이 언제든 변할 수 있다는 자세를 보이는 것이 훨씬 현명하다. 그러니까 절대라는 단어를 남발했던 나는 현명하지 않은 자세로 살아왔다고 할 수 있다.

그에 대해 변명하자면, 나도 내가 이렇게 변할 줄 몰랐다. 지금 좋아하는 것을 영원히 좋아할 줄 알았고, 지금 싫어하는 것을 영원히 싫어할 줄 알았다. 지금의 가치관이나 취향 또한 변하지 않을 거라 믿었다. 그것들은 나의 '코어' 같은 것들이니까. 변하지 않을 거고, 변해서도 안 된다고 생각했다. 변하는 순간 나라는 사람이 무너진다고 생각했던 것이다. 하지만 다 변했다. 무언가를 사랑하는 마음이 시들해지고, 경험이 쌓이면서 가치관도 업데이트되고, 상황에 따라 어쩔 수 없이 바꾸어야만 하는 것, 지키지 못한 것도 생겼다.

수많은 결심을 어겼지만, 삶이 크게 잘못되진 않은 듯하다.

물론 나 자신이 무너지는 일도 생기지 않았다. 오히려 결심을 지키지 않아 더 좋아진 부분도 많다 보니 약속을

초심을 잃어버렸지만

지키지 않아 다행이라 생각하는 편이다. 그러나 좀 줏대 없는 사람이 된 듯한 생각이 드는 건 어쩔 수 없다. 이렇게 소신을 지키지 않고 살아도 괜찮은 걸까.

건축가 유현준이 이런 얘기를 한 적이 있다. 자기는 심지가 굳은 사람을 싫어한다고. 심지가 굳고 소신이 강한 사람은 고집이 세고 잘 바꾸지 않으려 해서 발전이 없는 경우가 많다고 말이다. 그래서 자신은 갈대 같은 사람을 좋아한다고 했다. 합리적인 설명을 들으면 자기 생각을 바꿀 줄 아는 사람, 자신이 틀렸다는 걸 인정할 줄 아는 사람. 그런 사람이야말로 이 시대의 지성인이라고.

아! 너무 멋진 말 아닌가.

사람은 고쳐 쓰는 게 아니라는 말이 있다. 사람은 잘 안 변한다는 걸 비꼬는 말이다. 그런 의미에서 변한다는 건 오히려 우리 삶에 꼭 필요한 부분이 아닌가 싶다. 그것은 유연한 것, 자연스러운 것, 갇혀 있지 않은 것이다.

나는 고쳐 쓰는 사람이 되고 싶다.

요즘은 '절대'라는 말을 잘 쓰지 않는다. 결심 같은 걸 하는 일도 드물다. 가능하면 무언가를 정해두지 않으려고 한다. 계속 흔들리면서 사는 것도 좋을 것 같다.

적당히
손해를 본다

 장류진의 단편소설 『잘 살겠습니다』의 주인공은 결혼을 앞둔 회사원이다. 회사 사람들에게 청첩장을 주는 일은 조심스럽다. 아무래도 청첩장을 받는다는 건 부담 되는 일이기도 하니까. 그래서 그녀는 정말 친한 사람들에게만 청첩장을 돌리기로 한다. 그런데 별로 친하지도 않고 몇 년간 대화도 나눈 적 없는 입사 동기 '빛나' 언니에게서 메시지가 온다. 결혼 소식 들었다고, 나는 왜 청첩장 안 주냐고.

 내 시간과 돈을 들여가며 청첩장을 주고 싶은 사람은 아니지만 달라는데 안 줄 수도 없어서, 어쩔 수 없이 만나 식사를 하기로 한다. 빛나 언니는 가격이 더 비싼 특 에비동을 시킨다. 그러고선 여긴 양이 푸짐하다며 좋아한다. 그녀는 답답함을 느낀다. 자기가 양이 많은 특을 시켰으니까 양이 많은 게 당연하지. 세상에 공짜가 어딨나. 아무튼 청첩장을 주고 식비로 1만 3,000원을 썼다.

빛나 언니는 밥만 얻어먹고 결혼식에 오지 않았다. 축의금도 내지 않았다. 어이가 없었다. 주인공이 신혼여행을 마치고 회사로 복귀했을 때 빛나 언니에게서 메시지가 온다. 날짜를 잊어버려 결혼식에 참석하지 못했다고. 축의금 대신 선물을 사주고 싶으니 골라보라고.

그녀와 빛나 언니 사이는 딱 축의금 5만 원짜리 사이다. 더도 덜도 말고 딱 5만 원짜리 물건을 찾아본다. 그러나 한참을 찾아봐도 적당한 물건은 없고, 슬슬 짜증이 난다. 내가 왜 이 고생을 해야 하는 건데? 그래서 빛나 언니에게 선물은 됐고 밥을 사라고 한다. 결국 또 둘이 만나 식사를 한다. 빛나 언니에게 2만 5,000원짜리 밥을 얻어먹었다. 아무래도 손해를 본 것 같다.

얼마 뒤, 그녀는 빛나 언니에게 청첩장을 받는다. 얘기를 들으니 돈 많은 남자와 결혼하는 것 같다. 시댁에서 신혼집도 해줬단다. 괜히 부아가 치민다. 빛나 언니도 그녀의 결혼식에 오지 않았으니 그녀도 빛나 언니 결혼식에 가지 않을 생각이다. 문제는 받은 만큼은 줘야 한다는 것. 2만 5,000원짜리 밥을 얻어먹고, 자신은 1만 3,000원짜리 특 에비동을 사줬으니 25,000 − 13,000 = 12,000. 그래, 1만 2,000원짜리 선물을 사주고 이 관계를 끝낼 셈이다. 그녀는 과연 손해 보지 않는 장사를 할 수 있을까? 그런데 이게 뭐라고 이렇게 흥미진진한 거야?

인생 전체로 보면 결코 큰 문제라 할 수 없지만 축의금은 은근히 신경 쓰이고 스트레스가 되는 문제임은 분명하다. 나는 그의 결혼식에 이만큼을 냈는데 막상 그는 내 결혼식에 더 적은 금액을 낸다면? 혹은 아예 내지 않는다면? 아아, 생각만으로 열받는다. 이건 공정거래법 위반이다. 신의에 대한 문제이기도 하고. 그래서 축의금 문제에 우리는 민감할 수밖에 없다. 손해 보는 걸 좋아하는 사람은 없으니까 말이다.

다행히 나는 축의금에 관한 스트레스에서 조금 자유로운 편이었다. 어릴 때부터 지금까지 적지 않은 결혼식에 다녔고 그때마다 축의금을 냈으니 그 돈을 다 합하면 꽤 큰 금액이 될 터다. 하지만 나는 결혼식을 따로 하지 않았기 때문에 열심히 내고 다닌 축의금을 회수하지 못했다. 그리고 그것에 대해 아깝다거나 억울하다는 생각은 전혀 하지 않는다.

어릴 때부터 결혼하지 않으리라고 다짐했더랬다. 그러니 당연히 축의금을 낼 때 돌려받지 못할 거라는 사실을 알고 있었고, 돌려받을 생각조차 없었다. 내가 낸 축의금 중 대부분은 정말 축하해주고 싶은 마음에서 기꺼이 낸 것이다. 큰돈은 아니지만 그들이 잘 살았으면 해서 마음을 보탰다. 물론 아까운 축의금도 있었다. 별로 축하해주고 싶지도, 참석하고 싶지도 않은 결혼식에 낸 축의금이 그렇다. 그런 경우는 내지 않으면 왠지 눈치가 보이고 욕을 먹을 만한 상황이었기 때문이었을 것이다.

가령 친척의 결혼식이나 매일 얼굴을 봐야 하는 직장 동료의 결혼식 같은 것 말이다. 아깝지만 어쩌겠는가. 시원하게 내고 만다. 안 내면 체면이 서지 않으니 원활한 사회생활을 위한 '체면 비용' 정도로 손실 처리하고 마음에 두지 않는다. 내가 딱히 대인배라서 그런 건 아니다. 처음부터 돌려받을 생각을 하지 않았기에 그냥 별생각이 없었다.

응? 이렇게 살면 안 되는 건가? 글쎄, 나는 조금 손해를 보면서 살아도 괜찮다는 생각이다.

어린 시절 어울리던 한 친구의 부모님은 장사를 하시는 분들이었는데, 뭐든지 계산이 확실할 것 같다는 편견과 다르게 오히려 적당히 손해를 본다는 생각으로 사셨다. 그렇게 사는 게 여러모로 속 편하다고 했다.

절대 손해 보지 않으려는 자세로 살면 피곤하고 오히려 손해 보는 일이 생긴다고.

내가 준 것만큼 못 받아도 괜찮다는, 인생이란 원래 조금씩 손해를 보는 거라는 넓은 마음. 그 넉넉한 여유가 보기 좋았다. 그래서일까, 내 안에도 그런 마음이 싹텄던 것 같다. 아, 그런데 친구 부모님은 손해를 보며 산다는 사람들치곤 꽤 부자였다. 흐음, 그런 마음으로 살아도 큰 손해는 없는 걸로.

손해만 보는 장사는 분명 문제가 있다. 적당한 선에서 주고받아야 건강한 관계가 유지된다. 그런 의미에서 '적당함'의 범주를 잘 설정해야 한다. 너무 자로 잰 듯 정확한 걸 원하면 계속 섭섭할 일이 생긴다. 적당함의 오차 범위를 넉넉하게 잡고 조금은 손해를 봐도 좋다는 생각으로 사는 게 정신 건강에 좋다. 원래 세상은 딱딱 계산이 맞아떨어지지 않는다.

 다시 소설로 돌아와서, 소설 속 주인공을 너무 쪼잔한 사람으로 만든 것 같아서 그녀의 입장을 좀 더 얘기해야 할 것 같다. 그녀가 괜히 빛나 언니에게 그러는 게 아니다. 빛나 언니는 눈치 없고 센스도 없고 세상 물정을 잘 모르는 어리숙한 사람이다. 악의는 없지만 주변 사람들을 속 터지게 만든다. 도움을 받을 줄만 알지 도움을 주지도, 누구를 도울 주제도 못 된다. 그런 모습이 얄밉다. 누군 그렇게 살지 못해서 이렇게 사는 줄 아나?
 주인공은 빛나에게 가르쳐주고 싶어 한다. 세상은 철저히 '기브 앤드 테이크(give and take)'라고. 에비동에 새우가 많은 건 특 에비동을 시켰기 때문이고, 시댁에서 7억짜리 아파트를 받았으면 그만큼의 시집살이가 기다리고 있는 거라고. 왜 그런 기본적인 것도 모르는지 답답하기만 하다. 더 나아가 그녀는 늘 받은 만큼 돌려주려고 애쓰는데, 세상은 왜 제대로 돌려주지 않는지, 같은 부서에서 똑같은 업무를 하는데 왜 남편 연봉이 자신보다 1,000만 원이나 높은지, 그녀는 화가 난다. 그래선 안 되는 거 아닌가? 그렇기 때문에 더욱 빛나 언니에게 정확히 받은 만큼만 돌려주려는 거다. 쪼잔한 게 아니다. 그녀에게 이건 세상의 정의를 바로 세우는 일인 것이다.

그녀는 1만 1,000원짜리 핸드크림과 1,000원짜리 축하 카드를 더해 정확히 1만 2,000원짜리 선물을 준비한다. 아무것도 안 적힌 빈 카드를 주긴 뭐해서 형식적인 축하 메시지도 적었다. 그렇게 이거나 먹고 떨어지라는 마음으로 선물을 주는데 빛나 언니의 반응이 심상치 않다. 선물을 받고 너무 고마워하면서 눈물을 흘린다. 심지어 그녀를 끌어안는다. 응? 이게 아닌데…. 고작 핸드크림과 형식적인 카드 메시지에 크게 감동하는 빛나 언니를 보며 주인공은 혼란스럽다. 상대의 순진함 앞에서 전의를 상실했달까. 더구나 자신이 준 것에 비해 너무 큰 것이 돌아오니 어리둥절하다. 이건 어떻게 계산해야 하는지 그녀의 셈법으로는 도무지 알 수 없다.

몸 사용법

"건강이 최고야."

 어른들은 말한다. 하지만 젊은이들은 그 말에 공감하지 못한다. 맞는 말이라는 걸 알고는 있지만 딱히 와닿지는 않는 것이다. 건강하기만 하면 다 되는 건가? 인생이 그렇게 단순해? 건강 말고도 중요한 것이 얼마나 많은데…. 뭐, 이런 느낌이다. 나도 그랬다. 그런데 요즘은 건강이 최고라는 어르신들의 말을 들으면 고개가 저절로 끄덕여진다. 옳습니다. 옳고말고요. 건강이 최곱니다요. 깊은 공감에 눈물이 난다.

젊을 땐 건강에 관심이 없었다. 왜냐하면 건강하니까. 딱히 관리하지 않아도 크게 불편하지 않으니까 중요성을 못 느낀다. 인간은 잃고 나서야 중요성을 깨닫는다. 나도 중년의 나이가 되어서야 건강의, 몸의 중요성을 느끼게 되었다. 앞에서 갑자기 살이 찌고 몸무게가 늘어났다고 얘기했는데 그것도 노화의 한 과정이다. 지금은 덤덤하게 말하지만 그때는 그 사실을 받아들이기 힘들었다.

"똑같이 먹는데 왜 살이 찌냐고!"

아무리 생각해도 잘못한 게 없는데 너무 억울했다. 식사량이 늘지도 않았고(오히려 줄었다) 변함없는 생활을 하고 있는데 이런 일이 생기니 당황스러웠다. 어디에 책임을 따져 물어야 할지 몰라 답답했다. 하지만 이건 누구의 잘못도(심지어 나의 잘못도) 아니다. 내 몸이 낡아서 예전만큼 성능을 내지 못하기에 일어나는 일일 뿐이다.

살만 찐 게 아니었다. 노안이 왔는지 눈도 침침하고, 허리가 아파 똑바로 서지 못하는 날도 많아지고, 머리숱도 눈에 띄게 줄고, 아무것도 안 했는데 피곤하다.

한마디로 몸이 예전 같지 않은 거다. 그동안 건강한 생활을 해서 건강했던 게 아니라 그냥 몸이 잘 버텨준 것뿐이었다. 그리고 어느 순간 갑자기 성능이 저하되어 여기저기 고장이 난다.

유별난 일도 아니고 누구나 겪는 노화라지만 알고 있는 것과 그걸 직접 겪는 것은 천지 차이다. 나도 늙는다는 걸 그제야 실감하게 된다. 설마설마 의심하던 일을 눈으로 확인했을 때 느끼는 망연자실이랄까. 이제부터 내 몸은 쭉 내리막을 걸을 테지. 그런 생각을 하니 살맛이 나지 않았다.

다행히 지금은 몸에 찾아온 변화를 받아들이게 되었다. 이제 겨우 노화의 초입이고, 앞으로 40년은 더 살아야 하는데 별수 있나. 낡은 자동차를 관리하듯 몸을 잘 관리해서 타고 다니는 수밖에.

내가 운동을 시작한 이유는 살을 빼기 위함도 있지만 그보다 앞서 몸을 잘 관리해야겠다는 생각에서였다. 다이어트는 부가적인 것이고 낡은 몸을 닦고 조이고 기름칠해서 건강하고 튼튼한 몸, 잘 굴러가는 몸을 만들어보자는 취지였다. 어쩌면 그래서 내가 계속 운동을 하는지도 모른다.

운동을 한다고 금방 멋진 몸이 되는 것은 아니어서 다이어트에만 신경 썼다면 조급해하고 실망해 운동을 그만두었을 거다. 어차피 이 일은 목표만 달성하면 그만두는 일회성 프로젝트가 아니다. 남은 생 동안 계속해야 할 관리다. 티가 나지 않아도 해야 하는, 생존을 위한 필수적인 행동이다.

 남들이 보기엔 잘 모르겠지만, 운동을 하면서 몸이 확실히 달라진 걸 느낀다. 전체적으로 몸이 커지고 근육이 조금 붙었다. 체력도 좋아지고 허리도 아프지 않다. 눈과 머리숱… 그건 운동으로 안 된다. 그건 그냥 받아들여야 한다. 아무튼 운동은 내 몸을 변화시켰다. 아니, 몸뿐 아니라 정신도 변화시켰다. 운동을 하면서 노화의 우울함도 벗어나고 다시 살아갈 수 있다는 자신감도 생겼다.

 운동을 할 때 이런저런 생각을 하곤 하는데, 가만히 앉아서 하는 고민은 자꾸 부정적인 방향으로 흘러가는 데 반해 몸을 움직이며 하는 생각은 왠지 긍정적이고 건설적인 방향으로 나아가는 듯하다. 이게 단순히 기분 탓만은 아닌 것 같다.

"정신력으로 버텨라!"

육체가 한계에 맞닥뜨렸을 때 흔히 하는 말이다. 실제로 정신력으로 육체의 한계를 뛰어넘는 걸 자주 보았고 경험했다. 아, 정신의 위대함이란. 그런 일이 가능한 건 육체와 정신이 연결되어 있기 때문일 테다. 그렇다면 그 반대도 가능하다는 것인데 우리는 왜 "체력으로 버텨라!"라는 말은 잘 하지 않는 걸까.

정신력이 흔들릴 땐 무엇으로 버텨야 하는가. 바로 몸이다.

강한 몸으로 약한 정신을 받칠 수도 있지 않나 하는 생각을 해본다. 정신만 중요시하는 풍토 때문에 몸의 중요성을 간과한 게 아닐까. 지나치게 정신으로만 모든 걸 해결하려 들었던 게 아닐까. 그러다 보니 우리 사회에 정신 문제가 많아진 게 아닐까.

진실은 알 수 없지만 이제부턴 몸을 더 써보기로 한다. 나약한 정신을 체력으로 극복해보자. 정신을 혹사하지 말고 좀 쉬게 해주자. 그러기 위해선 더 강한 몸을 만들어야 한다. 몸을 계속 단련해야 한다. 이번 주에 헬스장에 한 번도 안 갔는데 그러면 안 된다는 얘기다. 그런데 왜 이렇게 운동하러 가기 싫은 걸까.

 아아, 가기 싫어. 봐라, 내 정신은 글러먹었다. 정신력만 믿었다간 인생 망하는 수가 있다.

사랑하면
따라오는 것들

몇 년 전 보호소를 통해 고양이 두 마리를 입양했다. 누군가가 버리고 간 새끼 고양이 남매였다. 밝은색 여자아이에겐 '알밤', 어두운색 남자아이에겐 '군밤'이란 이름을 붙여주고 합쳐서 밤밤이라 불렀다. 그렇게 밤밤이는 우리 가족이 되었다.

고양이는 귀엽다. 좀 심하다 싶게 귀엽다. 자는 것도, 뛰어노는 것도, 밥을 먹는 것도, 그냥 존재 자체가 귀여움이다. 그런 고양이와 함께 사는 건 참으로 기분 좋은 일이다. 귀여운 걸 자주 보면 행복해진다. 나는 대체로 사랑이라는 감정이 많은 사람이 아닌데 밤밤이를 보면 내 안에 사랑이 넘치는 걸 느낀다. 마음껏 사랑할 수 있는 존재를 얻는 건 벅찬 경험이다.

함께 사는 여자는 '1인 1고양이'를 법으로 정한다면 세상에 전쟁은 없어질 거라 말한다. 그녀의 말에 나는 맞아, 맞아 고개를 끄덕인다. 확실히 고양이는 사람을 무장해제시킨다. 고양이를 키우며 전쟁을 생각하기란 쉽지 않은 일이다. 하지만 한편으론 그녀의 말대로 되지 않을 거라는 걸 알고 있다. 모든 사람이 고양이를 좋아하는 건 아니니까. 또 고양이를 기른다는 게 마냥 기쁜 일만은 아니니까. 법으로 무조건 키우게 한다면 오히려 전쟁이 일어날지도 모른다.

고양이를 좋아한다. 하지만 쉽게 키울 수 없었다. 생명을 키우는 건 무거운 책임이 따르는 일이고 힘든 일이다. 힘들다고 중간에 그만둘 수도 없다. 그래서 오랫동안 망설였다. 키워보니 예상대로 쉽지 않은 일이었다.

사랑만 주면 될 것 같지만 고양이를 위해 해야 할 일이 생각보다 많다. 때에 맞춰 밥을 챙겨줘야 하고, 화장실도 수시로 치워줘야 하고, 이런저런 건강관리도 해야 하고,

심심하지 않게 놀아줘야 한다. 고양이를 키우는 건 어느 정도 삶을 바꿔놓는다. 캣타워며 스크래처, 숨숨집 등 고양이용품으로 세간이 늘어나고 어수선해지는 걸 보면 덩달아 내 마음도 심란해진다. 거기다 꼭 새벽에 잠을 깨우는 녀석들 때문에 수면의 질이 떨어진다. 고양이는 혼자서도 잘 노는 줄 알았는데 시도 때도 없이 놀아달라고 졸라대서 일에 집중할 수 없다. 솔직히 좀 귀찮다.

가장 불편한 점은 여행을 편하게 다닐 수 없다는 것이다. 고양이 걱정에 집을 오래 비울 수 없으니 자연스럽게 여행을 가지 않게 되었다. 가더라도 큰마음을 먹어야 한다. 이렇듯 자유롭고 조용하던 내 일상은 고양이 덕분에 완전히 변해버렸다.

이런 걸 따져보면 고양이를 키운다는 건 단점이 너무 많은 게 아닌가 싶다. 귀여운 것 좀 자주 보자고 이 많은 단점을 끌어안는다고? 사실 나는 고양이를 입양하는 데 다소 미온적이었는데 짝꿍이 적극적으로 원해서 데려오게 되었다. 어찌 보면 내가 온전히 원한 일은 아니었다. 그래서일까? 고양이와 함께 살아서 너무 좋지만 가끔은 고양이를 키우지 않았다면 더 편하고 자유로웠을 텐데 하는 생각을 한다. 그리고 그런 생각을 하는 나 자신이 좀 부끄럽다. 아주 못난 사람 같다. 나는 왜 이러는 걸까? 남들은 아무 문제 없이 잘 키우는 것 같던데.

『신경 끄기의 기술』이라는 책에 이런 표현이 나온다. 당신과 결혼하는 사람이 당신과 싸울 사람이고, 당신이 선택하는 꿈의 직업이 당신에게 스트레스를 줄 직업이라고. 상당히 우울하게 들릴 수 있는 얘기지만, 나에겐 위로의 메시지로 들렸다.

아, 내가 밤밤이를 키우면서 느끼는 스트레스는 당연한 것이구나. 내가 사랑하는 것은 나를 힘들게 하는 존재일 수밖에 없구나.

내 사랑이 부족해서 이러나 싶었는데 아니었다. 알밤이와 군밤이는 나에게 가장 소중한 존재이기에 가장 큰 짐인 것이다.

무언가를 얻는다는 건 그것의 장점과 단점 모두를 얻는 일이다. 그런 걸 생각하면 무언가를 얻는다는 게 마냥 좋은 건 아니지 싶다. 반대로 무언가를 가지지 못하는 게 마

냥 나쁜 것도 아니고. 가지건 못 가지건 저마다의 좋음과 나쁨이 있다. 세상엔 완전히 좋기만 한 것도, 완전히 나쁘기만 한 것도 없는 게 아닐까. 우리는 남이 가진 걸 부러워하지만, 그가 그것으로 받게 되는 스트레스와 고난은 잘 보지 못하는 법이다. 그러니까 '나만 없어, 고양이' 같은 소리는 할 필요가 없다. 또 '나 왜 있어 고양이' 같은 소리도.

밤밤이가 없는 일상을 상상해본다. 조금 더 자유롭겠지만, 그게 마냥 즐거운 일일까. 나를 귀찮게 하는 목소리도, 보드라운 털의 감촉도, 내게 몸을 기댈 때 느껴지는 무게도, 신나게 뛰어노는 귀여운 모습도…. 그런 것들이 사라져버린 일상은 커다란 구멍이 뚫린 것처럼 공허할 것 같다. 그러니 불평은 대충 적당히만 하고, 있을 때 더 사랑해야겠다.

알밤아, 군밤아. 나랑 오래오래 같이 살자. 아프지 말고.

안 뛰는 사람

본격적으로 운동을 시작하기 전의 일이다. 횡단보도를 건너는데 충격적인 일을 겪었다. 녹색 신호등이 깜빡이고 있길래 서둘러 뛰기 시작했는데, 웬일인지 몸이 말을 듣지 않았다. 마치 꿈속에서 달리는 것처럼, 팔을 열심히 휘젓는데도 몸은 좀처럼 앞으로 나아가지 못하고 같은 자리에 묶여 있는 것 같은 느낌이었다.

나는 허우적대는 볼썽사나운 모습으로 간신히 길을 건넜다. 그리고 그 순간 깨달았다. 방금 내가 뛰는 모습은 노인이 뛰는 모습 그 자체였다는 것을. 나이 든 사람들이 뛰는 모습을 보면 동작은 큰데 속도는 전혀 나지 않고 뒤뚱

거리지 않나. 내가 딱 그랬다. 그 사건은 내게 적잖은 충격을 주었다. 하다 하다 뛰는 것까지 못하게 될 줄이야.

생각해보니 마지막으로 뛴 게 언제인지 기억도 나지 않는다. 3년쯤 됐나? 아니 5년? 에이, 설마 10년은 아니겠지. 아무튼 아주 오랫동안 뛰지 않은 것만은 분명했다. 여유로운 삶을 목표로 하는 나로서는 너무나 당연한 일이었다. 뛸 일도 별로 없지만, 뛰어야 하는 상황에서도 '가능하면 뛰지 말자'가 모토였으니까. 그렇게 뛰지 않은 시간이 길어지고 그 사이 나는 뛰는 법을 잊어버린 것이다.

달리기를 못하게 되리라고 생각하지 못했다. 어릴 때도 자주 뛰진 않았지만 뛰고 싶을 땐 언제든 뛸 수 있었다. 달리기는 걷기만큼이나 자연스러운 움직임이었고 오랜만에 뛰어도 전혀 어색하지 않았다. 그렇기에 그 상황이 당혹스러울 뿐이었다.

아, 나이가 들면 당연하던 것들도 당연하지 않게 되는 거구나. 지금은 달리기가, 나중엔 걷기가 그렇게 되겠지. 스스로 밥을 떠먹는 것도, 혼자 화장실에 가는 것도 힘들어지겠지. 그런 생각을 하니 한없이 우울해진다.

어차피 잘 뛰지 않으니까 못 뛰게 됐어도 일상에 크게

지장이 있는 건 아니다. 하지만 뛸 수 있는데 안 뛰는 것과 못 뛰는 것은 엄연히 다르다. 그건 자신감의 문제이며 자존감의 문제다. 나는 안 뛰는 사람이 되고 싶지 못 뛰는 사람이 되고 싶은 건 아니다. 다시 뛸 수 있는 상태로 만들어야 한다.

  틈이 날 때마다 달리는 연습을 했다. 본격적으로 달리는 건 무리고 한자리를 왔다 갔다 하며 달리는 자세를 익혀 나갔다. 하아, 달리기 자세를 연습하는 날이 올 줄이야. 어쨌든. 처음엔 뒤뚱거리던 자세도 연습할수록 자연스러워졌다. 약간 삐걱대는 느낌은 있었지만 달리는 게 그때처럼 어색하진 않았다. 다행이다. 기능을 상실한 것이 아니라 녹이 슬었을 뿐이다.
  달리기 폼도 되찾은 김에 본격적으로 달리기를 시도해 보고 싶었다. 내가 사는 동네엔 호수 공원이 있는데 호수를 따라 둥글게 트랙이 깔려 있어 뛰기에 그만이다. 종종 그곳을 산책 삼아 걷곤 했는데 뛰는 건 처음이었다.
  출발! 발바닥이 땅을 힘차게 밀어낸다. 팔은 부드럽게 앞뒤로 움직인다. 주변 풍경이 빠르게 뒤로 밀려간다. 아,

나는 다시 달릴 수 있게 되었다. 달릴 수 있다는 게 이렇게 기쁜 일인지 전에는 알지 못했다.

기쁨에 취한 것도 잠시, 숨이 너무 차서 멈춰 서고 말았다. 얼마나 많이 달린 걸까. 트랙 바닥에 표시된 거리를 보니 200미터를 달렸다. 응? 고작 200미터라니. 겨우 이 거리를 뛰고 이렇게 헐떡이다니. 횡단보도 정도는 건널 수 있겠지만 나에게 조깅은 무리인 것 같았다.

취미로 러닝을 하는 지인이 내 얘기를 듣더니 맞지 않는 속도로 달려서 그런 거라고 말했다. 처음엔 빨리 걷는 수준의 속도로 연습해보라고 했다.

그 말을 듣고 다시 달리기에 도전했다. 최대한 천천히 달렸다. 이 정도면 걷는 게 낫지 않나 싶은 속도였다. 시원하게 앞으로 내달리고 싶은 마음을 꾹 누르고 천천히 달린다. 그렇게 느리게 달리는 사이 한 무리의 러닝 크루가 옆을 스쳐 지나간다. 빠르다. 그들의 등판과 다리에서 건강함이 느껴졌다. 달리는 사람들의 뒷모습은 참 멋있다. 잠시 후 커플로 보이는 남녀도 나를 앞질러 간다. 심지어 나보다 나이가 훨씬 많아 보이는 아줌마도 나를 앞지른다.

다들 왜 이렇게 빠른 거야? 이 트랙 위를 뛰는 사람 중 내가 가장 느리다. 속도를 더 낼 수 있었지만 그러지 않기로 한다. 속도를 냈다간 얼마 못 가 멈춰 설 게 뻔했다. 그래, 지금 속도로 계속 가는 거야. 남들은 신경 쓰지 말고 내 페이스를 유지하자.

저번에 실패했던 200미터 지점을 지났는데도 숨이 차지 않았다. 아직 더 달릴 수 있다. 그래, 이게 내게 맞는 속도로구나. 계속 가보자. 500미터… 700미터… 1,000미터…. 멈추지 않고 계속 달렸다. 얼마나 달렸을까. 숨은 많이 차지 않았지만 이번엔 다리가 너무 무거워서 멈춰 서고 말았다. 바닥을 보니 3킬로미터를 달렸다. 3킬로미터라니. 누군가에겐 길지 않은 거리겠지만 나에겐 신기록이었다. 태어나서 이렇게 긴 거리를 달린 건 처음이었다. 그날 나의 가능성을 봤다.

나도 이 정도 거리를 뛸 수 있구나. 무리하지 않고 내게 맞는 속도로 뛴다면.

가능성을 발견한 후, 러닝이 취미가 되었다…는 바람직한 일은 일어나지 않았다. 아무래도 나의 정체성은 '뛸 수 있지만 뛰지 않는 사람'이니까. 다시 뛸 수 있다는 걸 확인

하자 뛰는 것에 관심이 떨어져버렸다(그럼 그렇지).

그래도 너무 오래 쉬면 또다시 뛸 수 없게 된다는 걸 알기에 가끔, 아주 가끔 공원에 나가 달리기를 한다. 뛰지 않는 사람이 되기 위해 뛰는 것이다. 이게 무슨 아이러니란 말인가. 별다른 노력이 없어도 할 수 있던 걸 이렇게 노력해야 할 수 있다니 좀 억울하기도 하고 슬프기도 하고. 나이 드는 건 참 별로다. 한편으론 이렇게 연습하면 다시 뛸 수 있다는 사실에 감사하게 된다. 꽤 희망적이지 않은가. 이제는 싫어서 안 하던 것들도 하면서 사는 자세가 필요하다.

미니멀리스트가
되는 것에 대하여

 미니멀 라이프에 관심이 많다. 미니멀 라이프는 물건을 적게 소유함으로써 단순하고 여백이 있는 삶을 추구하는 라이프스타일이다. 삶에서 불필요한 것은 비우고 꼭 필요한 것만 남긴다.

 미니멀 라이프를 실천하는 미니멀리스트들은 말한다. 비우고 적게 소유할수록 지금 이대로도 충분하다는 걸 깨닫게 된다고. 물질적으로는 소박하지만 정신적으로는 풍요로운 삶이다. 수도승이 금욕적인 생활을 하는 것도 바로 그런 이유에서일 것이다. 물질적인 것은 정신을 어지럽히고 가난하게 만든다. 그런 의미에서 미니멀리스트는 현대의 수도승 같은 느낌이다. 내면의 평화를 위해 욕망을 절제하며 살아가는 그들의 삶은 끊임없이 더 갖고자 욕망하는 속세에 찌든 나를 돌아보게 만든다.

아, 잘못했습니다, 잘못했습니다.

가벼운 삶을 지향하는 나로서는 비우는 삶에 관심을 갖는 게 당연하다. 그래서 오래전부터 다양한 미니멀리스트의 얘기를 찾아보곤 한다. 영상도 보고 책도 읽는다. 최근엔 『집안일이 귀찮아서 미니멀리스트가 되기로 했다』라는 책을 읽었다. 제목대로 집안일이 너무 귀찮고 싫어져서 (그렇다고 집안일을 안 할 수 없으니) 세간을 줄여 집안일을 줄일 생각으로 무작정 미니멀 라이프에 뛰어든 저자의 이야기다. 초보 미니멀리스트의 우당탕탕 미니멀 라이프를 읽고 있자니 미니멀리스트가 더 친근하고 현실적으로 느껴졌다. 내 머릿속에 있던 엄격한 수도승의 이미지보다 그저 가볍게 살고 싶은 나와 같은 평범한 사람이라는 느낌이다.

이 책에서 흥미로웠던 부분은 바로 저자가 다른 이의 미니멀 라이프와 자신의 미니멀 라이프를 비교하는 에피소드였다. 어느 정도 미니멀 라이프를 성공적으로 살아가게 됐을 즈음 저자는 다른 집의 미니멀 라이프 사진을 보고 우리 집은 그에 비하면 덜 미니멀 라이프스럽다고 생각한다. 더 비워야 한다는 욕심에 자신에게 꼭 필요한 소파를 버릴 뻔했던 경험을 이야기하며 저자는 말한다. 정말 오랫동안 고민하고 토론해서 타당한 이유가 있는 것만 남겼는데 일면식도 없는 사람의 집 사진 몇 장에 우리의 시간과 노력을 물거품으로 만들 뻔했다고.

미니멀리스트라고 다 똑같은 삶을 사는 게 아니다. 집에 가구 하나 없고 수건도 딱 한 장만 가지고 사는 극단적 미니멀리스트가 있는가 하면 소파나 침대, TV, 자동차 등 기본적인 것을 모두 가지고 사는 미니멀리스트도 있다. 어떤 것이 올바른 미니멀 라이프냐 따지는 건 무의미하다. 이건 누가 누가 적게 소유하나 겨루는 대결이 아니다. 각자 생각하는 '필요'와 '최소'가 다르기 때문이다.

내게 필요한 걸 알아가는 과정, 그 과정에서 필연적으로 나를 알게 되는 것, 그것이 진정한 미니멀 라이프가 아닐까.

또 미니멀 라이프는 더 잘 살기 위한 수단이지 그 자체가 목적이 아니다. 자기 삶과 스타일을 무시한 채 무조건 적게 가지는 걸 목적으로 한다면 그건 강박에 지나지 않는다. 응? 그런데 내가 뭐라고 이렇게 아는 척을 하지? 미니멀리스트도 아니면서.

앞에서 이사할 때 짐을 많이 버렸다고 얘기한 걸 기억할지 모르겠다. 내가 짐을 줄이는 과정은 모든 미니멀리스트가 겪는 과정과 똑같았다. 필요한 것만 남기고 불필요한 것은 버린다. 그럼 나는 미니멀리스트인 걸까? 아니라고 생각한다. 내가 처음 본가에서 독립했을 때를 떠올려보면 지금보다 훨씬 적은 물건을 가지고 있었다. 옷 몇 벌과 책 몇 권을 빼곤 아무것도 없었으니까. 그럼 그때의 나는 미니멀리스트였던 걸까? 역시 아니다. 왜 그럴까? 짐을 가장 적게 소유한 노숙자를 떠올려보자. 심지어 그들은 집도 없다. 그런데도 그들을 미니멀리스트라 부르지 않는 이유는 그들이 그걸 추구해서 적게 소유한 것이 아니기 때문이다.

짐을 줄여 이사했던 건 내가 그걸 추구해서가 아니다. 상황이 그래야만 했기 때문에 줄였다. 나는 최소한의 것만 가지고 사는 삶을 추구하지 않는다. 가지고 싶은 것도 많고, 가능하면 집도 짐도 늘리고 싶다. 지금은 상황이 여의

치 않은 것뿐이다.

왜 미니멀 라이프를 추구하지 않느냐고 묻는다면, 한마디로 '아직은 그렇게 살고 싶지 않아서'라고 답할 수 있겠다. (웃음) 미니멀 라이프에 관심 있고 그 삶이 좋아 보인다면서 그렇게 살고 싶지는 않다니, 어이없어할 여러분을 위해 설명이 필요할 것 같다.

우선 '아직'이라고 단서를 달아놓았다는 걸 주목하길 바란다. 언젠가는 미니멀리스트가 되고 싶은 마음이 있지만, 아직은 때가 아니라고 생각한다. 좋아 보인다고, 혹은 유행이니까 무작정 따라 할 만큼 줏대가 없지 않다. 더군다나 라이프스타일을 바꾸는 일인데 좀 더 신중해야 하지 않나 싶다. 그럼 언제가 좋은 때일까. 그건 바로 내가 필요할 때다. 앞서 미니멀 라이프는 목적이 아닌 수단이라고 말했다. 즉 필요에 의해 써먹는 카드라는 얘기다. 아직 나는 미니멀리스트라는 카드를 꺼낼 필요를 느끼지 못한다.

미니멀리스트가 되기로 마음먹은 사람들은 모두 변화할 필요를 느꼈기 때문에 그런 선택을 했다. 집안일이 너무 귀찮아서, 쇼핑 중독이 심해서, 삶이 너무 무겁고 정리가 되지 않아서, 지구환경을 보호하기 위해서…. 이유는 다르

지만 각자의 문제나 추구하는 바를 미니멀 라이프를 통해 해결하고자 한 것이다. 미니멀리스트가 된다는 건 쉽지 않고 상당한 노력과 에너지를 들여야 하는 것으로 미루어 봤을 때, 그런 선택 이면엔 커다란 불균형과 변화를 향한 열망 내지는 절실함이 있었을 것으로 보인다. 다행히 나는 크게 변화해야 할 만큼 지금의 삶에 문제를 느끼지 않는다. 문제가 전혀 없다고는 할 수 없지만, 그럭저럭 균형을 잘 잡고 있는 것 같다. 그렇다 보니 아직은 미니멀 카드를 꺼낼 필요가 없는 거다. 이건 나중에, 내 삶이 무너져 내리고 뭔가 변화가 절실할 때 써먹을 생각으로 품속에 잘 모셔두고 있다. 비장의 무기를 가진 것 같아 든든하다.

한 가지 덧붙이자면, 물건의 가치를 '필요'라는 기준으로만 정하는 것에 약간의 의문이 있다.

그렇게 따지면 예술은 어떠한가. 먹고사는 데 꼭 필요한 건 아니지 않은가. 정녕 예술은 불필요하고 가치가 없는 것일까? 세상에 꼭 필요한 존재가 아닌데도 살고 있는 나로서는 그런 분류가 참 섭섭할 뿐이다. 세상엔, 그리고 삶엔 꼭 필요한 것만 필요한 게 아니라고 외치고 싶은 마음이다. 뭐 주절주절 떠들어댔지만 결론은 아직 속세의 것을 버리지 못하겠단 얘기다. 만약 미니멀 카드를 쓰지 않고 다른 카드를 써서 문제를 해결할 수 있다면 그렇게 할지도 모른다. 미니멀 라이프는 상당히 좋은 삶의 방식이지만, 모두가 추구해야 할 유일한 삶의 방식은 아니다.

그럼에도 미니멀 라이프는 여전히 매력적으로 느껴진다. 이러다 나중에 진짜 미니멀리스트가 되겠다고 선언할지도 모르겠다. 하지만 지금은 딱 여기까지가 좋다. 미니멀 라이프에 관심을 가지며 나도 주기적으로 불필요한 것들을 정리해서 버린다. 물건을 살 때도 이게 꼭 필요한 것인지 한번 더 묻게 된다. 미니멀 라이프라는 존재는 내가 끝없는 탐욕으로 달려가는 걸 막아준다. 물질의 삶은 공허할 뿐이라고, 이쪽으로 오라고 나를 당긴다.

또 반대편 물질만능의 세계는 더 가지라고, 너는 그럴 자격이 있다고 나를 끌어당긴다. 그 두 힘이 비슷해서 나는 미니멈과 맥시멈 사이 어딘가쯤에 자리한다. 이런 것도 균형이라면 균형이다. 그리고 무엇보다 내 스타일이다. 극단으로 치우치지 않은, 약간은 어중간하다고 볼 수도 있는. 내가 되고 싶은 건 적당한 사람이랄까.

일자리를 잃다

 AI가 인간의 일자리를 빼앗을 거라는 얘기가 여기저기서 들려온다. 대부분의 직업이 AI로 대체될 것이란 전망이 나온다. 그래도 다행인 건 글을 쓰거나 그림을 그리는 등 창작하는 직업은 AI로 대체되기 힘들 거라고 전문가들이 전망한다는 사실이다. 남들은 모르겠고, 일단 나는 세이프.
 내 직업은 괜찮을 거라는 전문가의 의견을 본 게 불과 1, 2년 전이었는데, 요즘 돌아가는 모양새를 보니 오히려 가장 먼저 대체될 직업이 아닌가 싶다. 요즘은 AI가 글도 쓰고 그림도 그린다. 글은 그렇다 쳐도 그림까지 그릴 줄은 몰랐다. 몇 년 전 미국에서 열린 한 미술 대회에서 대상을 수상한 작품이 사실은 AI가 그린 것이라는 사실이 알려지며 큰 충격을 주었다. AI가 생성한 그림을 마치 자신이 그린 그림인 척하며 작가 행세를 하는 사람들도 나타났고, 오랫동안 활동해오던 일러스트 작가가 본인 그림을 AI로 그려서 논란이 되기도 한다.

  아직까진 진짜와 가짜(?)를 구분하려는 노력을 기울이는 모양이지만 시간이 지나면서 그 둘을 구분 짓는 게 무의미해지는 순간이 올 것이다. 무엇보다 더 값싸고 빠른 것을 원하는 시장 논리에 따라 인간 일러스트레이터는 AI에 일자리를 빼앗길 확률이 높은 듯 보인다. 전문가들의 말만 믿고 마음을 놓고 있었는데 미래를 예측하는 건 전문가에게도 어려운 문제인 것 같다. 겨우 1년 후 일도 예상하지 못하다니. 그런 의미에서 인간은 한 치 앞도 모르는 존재가 아닐까.

  내 직업이 앞으로 어떻게 될지 상상도 되지 않는다. 계속 이 일을 할 수 있을지, AI에 빼앗기게 될지, 혹은 AI로 그림을 생성하는 기술자가 될지 나는 모른다. 분명한 건 시대가 변하면 나도 변해야 살아남는다는 사실뿐이다.

나는 내 일이 꽤 맘에 든다. 나에게 잘 맞고, 익숙하기도 하다. 하지만 '이 일이 아니면 안 돼'라고 생각하는 건 아니라서 이 일을 못하게 된다면 어쩔 수 없다고 여긴다. 사람과의 인연도 영원하지 않아 한 시절이 지나면 자연스럽게 멀어지듯, 직업도 그렇다고 생각한다. 지금은 이 일과 인연이 닿아 있지만 언젠가는 헤어질 날이 반드시 올 것이다. 꼭 AI 때문이 아니더라도 현대인은 지금의 직업과 이별하고 다른 직업을 찾아야 할 운명에 처해 있다.

과거에는 한 가지 직업만으로 평생 살 수 있었지만, 지금의 우리는 수명이 길어진 탓에 직업을 여러 번 바꾸어야 한다. 안정적인 직장이란 없다. 요즘은 정년까지 일하기도 힘들다. 마흔 살만 넘어도 권고사직 대상이 된다. 또 누구나 한 번쯤은 지금 하는 일을 때려치우고 다른 일을 하고 싶다고 생각하지 않나? 타의든 자의든 어차피 지금 일은 오래 하기 힘들다. 그렇게 생각하면 AI가 내 일을 빼앗는다는 것에 대한 충격이 좀 덜하지 않나? 미안하다. 별 도움이 안 되는 얘기 같다.

AI가 인간의 일을 대체한다고 해도 인간이 할 일은 많이 남아 있을 것이다. 새로운 기술이 나올 때마다 인간은 일자리가 없어지는 걸 걱정했지만, 없어지는 만큼 새로운 직업이 생겨나니 너무 걱정할 필요는 없지 않을까? 그래도 만약 인간이 할 일이 하나도 없으면 어떡하냐고? 없으면 그냥 다 같이 죽자.

외적 요인과 내적 요인 때문에 내 직업의 수명이 얼마 남지 않았음을 체감하고 있다. 나도 슬슬 다음 직업을 생각해볼 때가 왔다. 내 다음 직업은 무엇일까?

아직까진 잘 떠오르지 않는다. 흘러가다 보면 뭐라도 하고 있지 않을까. 변화가 코앞에 다가왔는데 너무 태평한 소리를 하고 있다고? 들어봐라. 세상은 당장 AI 혁명이 일어나 내일 아침 세상이 뒤집어질 것처럼 얘기하지만 실제로는 천천히 시간적 여유를 두고 변화가 일어나는 것에 더 가깝다. 인류의 생활을 크게 바꾼 산업혁명도 약 60년에 걸쳐 일어난 변화다.

멀리서 예를 들 것도 없다. 어린 시절에 비해 현재는 얼마나 많이 변했는가. 내가 유년기를 보낸 1980년대에 비하면 현재 2025년 한국은 말도 못하게 많이 변했다. 스마트폰 같은 건 상상도 못했으니까 말이다. 그런데 막상 그 시기를 쭉 살아온 입장에서 세상의 변화를 크게 느꼈냐 하면 그건 아니다. 그냥 어제와 별다를 것 없는 오늘을 맞이하며 하루하루 살다 보니 어느새 세월이 훌쩍 흘렀고, 돌아보니 참 많이 변했다고 느낄 뿐이다. 아마 앞으로 다가올 변화도 그런 식일 것이다. 미래는 준비한 다음 한꺼번에 맞이하는 게 아니다. 미래는 지금도 계속되고 있다.

천천히, 조금씩. 그렇게 변하는 세상에 맞춰 우리도 자연스럽게 어디론가 흘러가게 될 거라 생각한다.

역시 너무 태평한 생각일까? 아무튼.

미래가 어떻게 변할지는 우리 힘으론 알 수 없다. 그럼 우리가 할 수 있는 건 분명해진다. 유연한 자세를 취하는 것. 익숙한 것에만 머무르려 하지 않는 것. 낯선 것을 두려워하지 않는 것. 어떻게 변할지 알 수 없지만 뭐가 됐든 그 변화에 맞추고 적응하려는 마음만 있으면 될 거 같다…고 가볍게 생각해버리는 나. 정말 괜찮겠지?

세상과
싸우는 방식

아내와 함께 외출할 때는 항상 아내가 운전한다. 운전을 별로 좋아하지 않는 나와 다르게 아내는 운전을 좋아하고 잘한다. 또 운전대를 잡지 않으면 차멀미를 하기 때문에 자연스럽게 운전은 그녀의 몫이 되었다. 운전기사가 있는 셈이니 나는 좋다.

운전할 때 김 기사는 약간 예민해진다. 운전이란 게 목숨이 달린 일이기도 하니 그녀뿐만 아니라 누구나 예민해지는 것 같다. 아무튼 그녀는 운전할 때 화를 자주 내는 편이다. 도로에 이해할 수 없는 차(인간)가 너무 많기 때문이다. 깜빡이도 안 켜고 갑자기 끼어드는 놈, 지그재그로 계속 차선을 바꿔가며 곡예 운전하는 놈, 조는 놈, 너무 느리게 가는 놈, 뒤꽁무니에 바짝 붙어서 압박을 해대는 놈…. 도로는 분노 유발자 천지다. 그녀는 평소에도 예의가 없거나 법을 어기거나 상식에서 벗어난 이들을 보면 분노한다. 도로의 무뢰한 역시 예외는 아니다. 그리고 그녀는 참지 않는다. 그들에게 클랙슨을 "빵빵!" 울려 분노를 표출한다.

나는 그녀에게 경적을 자제하라고 잔소리한다. 잘못은 그들이 했지만 경적 때문에 괜한 시비가 붙을까 걱정돼서다. 나랑 있을 땐 괜찮지만 혼자 운전할 때는 웬만큼 급한 상황이 아니면 경적을 울리지 말라고 주의를 준다. 잔소리 덕분에 그녀가 경적을 울리는 일은 현저히 줄어들었지만, 그렇다고 화를 내지 않는 건 아니다. 예의 없는 운전자들에겐 불같이 화를 낸다. 아, 조수석이 가시방석이다. 나는 그렇게 화낼 상황은 아니라고, 별일 아니라고, 저 차도 그럴 만한 사정이 있을 거라고 그녀를 달래본다. 그런데 내 의도와 달리 그녀의 화를 더 돋우고 만다.

"오빠는 왜 내 편 안 들고 저 사람 편 들어?"

아차! 매번 당하는 건데 방심했다. 빨리 그녀의 마음을 누그러뜨릴 변명이 필요하다.

"당연히 난 자기 편이지. 저 사람 편은 들고 싶지도 않아. 단지 이건 인류애를 잃지 않기 위한 제스처랄까?"
그녀가 웃으며 "좀 늘었네"라고 말한다.

아, 칭찬받… 아니, 잘 넘겼다. 하지만 다음엔 똑같은 변명이 통하지 않을 테니 확실히 주의가 필요하다. 그녀 편에 서서 같이 화를 내는 게 제일 쉬운 방법이라는 걸 아는데, 그게 잘 안 된다. 아마 오랜 습관 때문일 것이다.

영화 〈에브리씽 에브리웨어 올 앳 원스〉의 등장인물 중 한 명은 자신을 순진하고 물러터졌다고 생각하는 상대에게 이렇게 말한다.

"내가 나약하다고 생각하지? 내가 세상을 좋은 쪽으로 보는 건 순진해서가 아냐. 다 계산적이고 필요한 결정이었지. 난 그렇게 살아남았어. (…) 당신은 당신 자신을 투사라

고 생각하잖아? 나도 나를 그렇게 생각해. 그리고 이게 내가 싸우는 방식이야."

사람은 저마다 다른 방식으로 세상에 맞서 싸우며 생존한다. 친절함으로 세상과 싸운다는 그의 말은 자연스럽게 『다정한 것이 살아남는다』라는 책 제목을 떠올리게 만든다. 이 책은 타인을 향한 다정함과 친절이 단순히 선의에서 나온 선택이 아니라 생존에 유리하기에 선택된 생존 방식임을 진화론적 관점에서 쓴 책이다. 상대가 죽어야 내가 사는 적자생존이 아니라 다정한 것, 협력하고 배려하고 교류하는 존재가 살아남는다는 메시지를 담았다…고 책 소개에 나온다. 아직 제대로 읽어보진 못했습니다(죄송). 어쨌든.

나 역시 나만의 방식으로 세상과 싸우고 있다. 그걸 한 단어로 말하면 '이해'가 아닐까 싶다. 내 상식에선 도무지 이해할 수 없는 언행을 하는 사람이 아주 많다. 저 사람은 어떤 이유에서 저럴까? 혹시 내가 모르는 이유가 있지 않을까?

상상력을 총동원해서 이해할 수 없는 사람을 이해해 보려고 노력한다. 그러다 보면 조금 마음이 누그러진다.

여러 상황을 고려해보면 충분히 이해할 수 있는 것들이 많다. 그렇게 '저 사람의 성향이라면(혹은 저 입장이라면) 저런 행동을 할 수도 있겠다'는 식으로 이해하고 넘어간다. 하지만 이해한다는 게 그의 생각이나 행동에 동의한다는 뜻은 아니다. 어떤 논리의 작용으로 그런 행동을 하는지, 작동 원리를 파악해보는 시도랄까. 모든 사람이 나와 같지 않다는 사실, 저마다의 생각과 방식으로 살아간다는 사실을 되새기고 받아들이는 과정이다.

내가 마음이 넓은 사람이라서 이해심을 발휘하는 건 아니다. 그래야 내가 살 수 있기 때문이다. 사실 나는 사람을 별로 좋아하지 않는다. 인간을 혐오하는 쪽에 가깝다. 그러니까 내 이해는 인류애를 잃지 않으려는 노력에 가깝다. '타인은 지옥이다'라는 사르트르의 말에 전적으로 동의한다. 그래서 타인으로 가득한 세상이 무서웠다. 자신이 없었다. 사람들 틈에서 살아가는 것이. 가능한 한 사람을 만나지 않고 살고 싶다는 생각을 오랫동안 품고 있었다.

다행히 시간이 흐르면서 사람과 세상에 대한 이해가 조금씩 생기기 시작했다. 이해하고 나니 세상은 그렇게 무서운 곳만은 아니었다. 그 덕분에 지금 내가 세상을 마냥 겁

내지 않고 살아갈 수 있다고 생각한다. 이게 내가 세상에 맞서는 방식이다.

　아내가 유독 분노하는 대상이 있다. 동물을 버리거나 학대하는 인간들이다. 그런 인간들에 대한 기사를 볼 때마다 그녀는 인류는 멸종되어야 한다고 분개한다. 인간만이 이런 악한 행동을 하고 지구에 해만 되는 존재라고 탄식을 내뱉는다. 나 역시 그녀의 말에 동의한다. 그런 인간들은 이해할 수도, 이해해서도 안 된다. 피가 거꾸로 솟는다. 동물에게 한 대로 똑같이 되갚아주고 싶은 심정이다.
　하지만 그녀가 그런 인간들 때문에 인류애를 잃지 않았으면 좋겠다. 그녀가 인류를 멸종시키지 않기를 바란다. 세상엔 나쁜 인간도 있지만 분명 좋은 인간도 있다. 인간은 악한 동시에 선하고, 추한 동시에 아름답다. 나쁜 면에 지나치게 집중하면 세상은 그야말로 분노 유발자로 가득한 분노의 도로가 된다. 좋은 면을 더 많이 보는 것이 정신 건강에도, 생존에도 유리하다.
　아, 내 얘기 때문에 혹시 아내가 매일 화를 낸다고 오해하는 사람이 있을지 모르겠다. (웃음) 그건 전혀 아니다. 평소에는 명랑하고 다정하기 이를 데 없다. 다만 불의를 참지 못할 뿐이다. 그게 그녀가 세상과 싸우는 방식일 것이다. 생각해보니 불의 앞에서 분노할 수 있다는 건 좋은 일인 것 같다. 화를 풀어주고 가라앉히는 게 도움이 되는 일이라 생각했는데 이제는 그러지 말아야겠다. 그녀가 분노할 때 같이 분노해야지. 그래야 내가 산다. 남의 편을 들지 않는 것이 살아남는다.

사진을 대하는 자세

 최근 3박 4일 일정으로 여행을 다녀왔는데, 돌아와서 보니 사진을 한 장도 찍지 않았다는 사실을 깨달았다. 여행에서 남는 건 사진뿐이라는데, 아무것도 안 찍었다니 스스로도 조금 놀랐다. 일부러 안 찍으려고 작정한 건 당연히 아니다. 사진 찍는 걸 별로 좋아하지 않아서 그렇게 되었다.

 사진을 잘 안 찍는 이유는 아마도 내 사진 실력이 형편없기 때문일 것이다. 미대를 나왔다고 하면 왠지 사진도 잘 찍을 것이라고 생각하는데, 아니다. 내가 찍은 사진은 내가 봐도 정말 별로다. 대학 시절 사진 수업에서도 낙제했다. 사정이 그렇다 보니 사진에 흥미를 잘 못 느끼게 되었다. 잘 찍고 싶은 마음이 없진 않아서 공부를 해볼까도 싶었지만, 먹고사는 데 지장도 없고 뭘 사진까지 잘하려고 애쓰나 싶어 그냥 이렇게 산다. 모든 걸 잘하려고 하면 안 된다.

여행지에서 멋진 풍경을 마주할 때면 스마트폰을 꺼내는 대신 조금이라도 눈에 더 담아 가려고 눈을 크게 뜬다. 어차피 내 사진 실력으론 이 감동적인 풍경을 잘 담을 수 없으니 액정을 통해 보는 것보다 맨눈으로 보는 걸 더 선호하는 편이다. 여행의 순간들은 사진첩이 아닌 내 머릿속에 고스란히 들어 있다…기엔 내 기억력은 형편이 없지만. 아무튼 그 순간만큼은 '생눈'으로 풍경을 즐긴다.

사진을 찍는 것만큼이나 찍히는 것도 좋아하지 않는다. 다른 사람이 찍어준 내 모습을 보는 건 상당히 당혹스러운 경험이 아닐 수 없다. 그건 뭐랄까, 잊고 있던 나의 못생김을 깨닫고 화들짝 놀라는 일이랄까. 못생긴 얼굴이야 매일 거울로 보는 거지만 사진은 좀 다르다. 미묘하게 낯설고 더 못생겼다. 단순히 렌즈의 왜곡 현상 때문이라 말하기엔 너무 다른 모습이다.

그건 바라보는 주체가 달라서 생기는 차이가 아닐까 싶다. 거울을 통해 보는 건 유리에 비친 모습이긴 해도 내 눈으로 본 내 모습이다. 반면 사진은 카메라 렌즈로 본 내 모습이다. 렌즈의 생김새를 보면 눈이랑 똑 닮았다. 그러니까 사진은 렌즈라는 제삼자의 눈으로 본 내 모습이란 말씀.

내 눈으로 볼 땐 그럭저럭 봐줄 만했던 얼굴이 '남들 눈엔 이렇게 보입니다' 하고 들이밀어질 때 실망을 감출 수 없다(예쁘고 잘생긴 사람은 여기 해당하지 않는다). 셀카는 그나마 좀 나은 편이다. 그것 역시 렌즈로 본 내 모습이지만 내 눈에 내가 어떻게 보이는지 확인하고 셔터를 누른다는 점에서 약간의 차이가 있다. 어쨌거나, 내가 보는 나와 남이 보는 나는 무조건 다르다. 그리고 후자가 훨씬 후지다.

최근 몇 년간은 인터뷰 같은 걸 할 일이 없었지만 한때 『하마터면 열심히 살 뻔했다』가 화제가 된 덕분에 인터뷰를 많이 했더랬다. 인터뷰를 하면 어김없이 사진을 찍힐 상황에 처한다. 찍기 싫지만 찍을 수밖에 없다. 어떤 작가는 얼굴이 잘 안 나오게 각도를 잡아 찍기도 하고 가면 같은 걸 쓰고 사진을 찍기도 하는데, 그들도 나만큼이나 사진 찍히는 걸 싫어하는 듯하다. 나도 인터뷰 사진에 모자이크 처리를 부탁하고 싶은 마음이 굴뚝같지만 대단한 작가도 아니면서 까탈스럽게 구는 것 같아서 그냥 찍는다. 찍은 사진이 잘 나왔다며 현장에서 확인하게 해주는 기자도 있는데, 그럴 때마다 이런 생각이 든다.

'어이, 기자 양반. 이게 최선인가? 솔직히 이거보단 잘 찍을 수 있잖아?'

전혀 잘 나오지 않았다. 못생겼다. 원래도 못생긴 건 알고 있지만 그 못생김을 정확하게 담아내는 것 또한 사진사의 역할이 아니던가. 대상을 훨씬 못나게 찍으면 문제가 있지 않은가 말이다. 하지만 사진은 거짓말을 하지 않는다. 이게 제삼자가 보는 객관적인 내 얼굴인 것이다. 그 사실을 받아들이는 게 여전히 어렵다.

"정말 잘 나왔네요. 잘 찍어주셔서 감사합니다."

마음에도 없는 소리로 서둘러 인터뷰를 마무리한다. 솔

직히 맘에 드는 인터뷰 사진은 하나도 없다.

맘에 들지 않는 사진이 처음엔 상당히 신경 쓰였는데 비슷한 일이 계속 반복되다 보니 좀 무뎌졌다. 나중엔 내가 어떻게 찍히는지, 어떻게 보이는지 별로 개의치 않게 되었다. 더 정확히 얘기하면 포기한 거다. 다시 태어나지 않는 이상 이 얼굴이 내 얼굴인 걸 어쩌란 말인가.

생각해보면 이건 사진의 문제가 아닌 듯하다. 나는 그냥 내 얼굴이 맘에 들지 않는 거다. '에잇, 아무렇게나 생긴 얼굴 아무렇게나 찍어다 쓰시오' 같은 막 나가는 마음이 된다. 그러고선 내 얼굴이 실린 인터뷰 기사 따위는 절대 보지 않는다. 이게 인터뷰 사진 찍는 노하우라면 노하우다.

어떻게든 살아진다

책장을 정리하다가 20년 전 일기장을 발견했다. 그때는 어떤 일이 있었고 어떤 고민을 했을까, 궁금한 마음에 일기장을 펼쳤다. 처음엔 몇 장만 읽어보려는 심산이었는데 나도 모르게 빠져들어서 전부 읽어버렸다. 이 친구 글 재미있게 잘 쓰네. (웃음)

재미있다고 표현했지만 사실 그 안에는 온통 어두운 얘기뿐이었다. 그도 그럴 것이 일기를 꾸준히 쓴 게 아니라 아주 힘들었던 시기에만 집중적으로 썼으니 밝은 내용이 있을 리 없다. 나는 주로 괴로울 때 글을 쓰고 싶어 하는 편이다. 괴로운 시간이 길게 이어지는 시기엔 일기도 그만큼 쌓여 소설책 한 권 분량이 되곤 했다. 언제 끝날지 모를 긴 어둠 속에서 괴로움과 분노로 터지기 일보 직전인 마음을 노트에 덜어내듯 글을 썼다. 그러고 나면 마음이 조금 누그러졌다.

20여 년 전, 스물일곱 살의 나는 몹시도 불안해하고 있었다. 나이는 이미 많이 먹었는데 정해진 게 아무것도 없는 상태였고, 앞으로 뭐가 될지, 무엇을 하며 살아야 할지, 과연 내가 원하는 삶을 살아갈 수 있을지 알 수 없어서 몹시도 괴로워했다. 또래들은 벌써 뭔가를 선택하고 자리를 잡아가는 것 같은데, 나만 아무것도 아닌 채로 뒤처지는 것 같아 불안했다.

더불어 내 환경을 원망하는 마음도 커져만 갔다. 나는 왜 이딴 집에 이런 꼴로 태어났나. 일기엔 '내 삶이 혐오스럽다'는 표현이 나온다.

맞아, 그때의 나는 그랬지. 많이 힘들고 많이 무서웠지. 그런데 이를 어쩌나. 그 이후로 더 길고 어두운 터널을 지나게 될 텐데. 스물일곱 살의 어둠은 그냥 예고편에 불과한데, 앞으로 이어질 고통의 시간을 견뎌야 할 그 당시의 내가 걱정되었다.

20년. 결코 짧다고 할 수 없는 시간. 어떻게 그 시간을 견디고 지나왔을까? 솔직히 어떻게 지나왔는지 잘 모르겠다. 뭐 하나 해결된 것 없이 계속 불안해하고 고민하며 하루하루 살아온 것 같다. 그러다 보니 벌써 20년이나 지나버렸다. 연말이 되면 '뭐야! 한 것도 없는데 벌써 1년이 지났다고?' 하며 놀라는 것처럼 지금 내 마음은 놀라움이 더 크다. 뭘 했다고 20년이 지났을까? 시간 정말 빠르구나. 길게만 느껴지던 고통의 시간도 지금 와서 보니 빠르게 흘러간 물살처럼 느껴진다.

지난 20년이 간밤에 꾼 꿈처럼 아득한 이미지로 뭉뚱그려져 다가온다. 그걸 한 문장으로 적으면 이렇게 될 것 같다.

'어떻게 어찌어찌 살아졌다.'

어떻게 살아야 할지 몰라 막막했는데 그 긴 시간을 살아냈다니. 그 사실에 감탄한다. 뭐야, 어떻게 살지 모르겠다면서 잘 살아냈잖아!

어찌어찌 살아진 세월. 그렇다고 그게 아무것도 아닌

건 아니다. 20년 전의 나와 지금의 나를 비교해보면 많은 게 달라졌다. 원하고 바라던 모습은 아니지만, 직업이 있고 밥벌이를 하고 있다. 짝을 만나 가정을 꾸리고 고양이를 기른다. 그리고 제일 큰 변화. 지금의 나는 20년 더 늙었다. 몸이 바뀌고 생각이 바뀌고 상황이 바뀌면서 고민도 달라졌다.

20년 전 일기장 속 고민이 진로와 성공에 대한 불안 같은 것이었다면 지금은 창작에 대한 고민과 건강, 그리고 노후에 대해 걱정한다. 고민은 해결되거나 사라지는 게 아니다. 다른 고민으로 대체될 뿐이다.

지금도 미래를 생각하면 막막하다. 언제까지 일할 수 있을지, 늙어가는 몸을 어떻게 받아들여야 하는지, 모아놓은 돈도 별로 없는데 노후는 어떻게 보내야 할지, 어느 것 하나 쉬운 게 없고 해결할 방법도 모르겠다. 그래도 확실한 것은 어찌어찌 또 살아가게 될 거라는 사실이다. 고민을 안고서 하루하루 살아가다 보면 시간이 훌쩍 지나 미래가 내 눈앞에 와 있을 것이다. 그러면 그때 가서 안도의 한숨을 내쉬며 "아, 걱정 많이 했는데 어찌어찌 또 살아졌네" 하고 말하지 않을까 싶다.

3장 대충의 나날들

자세를 바꾸면 모든 게 달라져

완벽하지 않아서
완벽한 날들

 예전만큼 영화를 자주 보지 않는다. 영화 말고도 볼거리가 많아진 탓도 있지만 흥미가 많이 떨어졌달까. 좋다는 영화를 봐도 감흥이 없을 때가 많다 보니 자연스럽게 덜 보게 된다. 그게 왠지 나이 때문인 것 같아서 약간 슬퍼진다. 나이가 들면 어느 정도 무감각해지기 마련이니까. 아, 이대로 감성이 죽어버린 아저씨가 되는 건가.

 최근 야쿠쇼 코지 주연의 〈퍼펙트 데이즈〉를 보았다. 영화가 끝나고 "아아, 좋다"라는 소리가 절로 나왔다. 얼마 만에 느껴보는 감동인지 모르겠다. 마음속에서 여러 감정이 소용돌이쳤다. 아직 죽지 않았구나. 감성이 살아 있다는 걸 확인했으니 일단 안심이다.

중년의 남자 '히라야마'는 도쿄 시부야의 화장실 청소부다. 무슨 사연인지 모르지만 가족은 없고 혼자 산다. 그의 일상은 단조롭지만 충만하다. 새벽에 눈을 뜨자마자 이부자리를 갠다. 아끼는 화분에 물을 주고 출근 준비를 한다. 출근길엔 카세트테이프로 올드 팝을 듣는다. 퇴근 후엔 목욕탕에 들러 하루의 피로를 씻어내고, 단골 술집에 들러 술을 한잔 마신다. 집에 돌아와선 책을 읽다가 졸음이 쏟아지면 불을 끄고 잠을 잔다. 다음 날 새벽, 눈을 뜨자마자 이부자리를 개고, 화분에 물을 주고, 출근길에 카세트테이프로 올드 팝을 듣고…. 자신만의 루틴대로 차근차근 살아내는 그의 하루를 보고 있자니 이상하게 마음이 편안해진다. 그 역시 정해진 루틴 안에서 안정과 행복을 느끼는 듯하다.

반복되는 매일을 보여주면 그게 과연 재미있을까 의문이 들 법도 한데 신기하게 재미있다. 정작 나의 반복되는 일상은 지겹게 느껴지는데, 그의 일상은 뭔가 멋져 보인다. 잘 정돈된 책상처럼 단정함이 느껴져서 좋다. 그래서 영화를 보는 내내 그의 루틴이 꼭 지켜지길 바라게 된다.

히라야마는 정해진 루틴대로 매일매일을 똑같이 살길 바란다. 그런데 그 바람은 영화가 계속될수록 좌절되고 만다. 직장 동료의 무리한 부탁으로 귀가가 늦어지기도 하고, 오랫동안 연락하지 않던 조카가 불쑥 찾아와 며칠 동안 함께 지내기도 하고, 갑자기 야근해야 하는 일이 생기기도 하면서 그의 일상은 엉망이 된다. 덩달아 평온하던 그의 마음도 어지럽게 흔들린다. 아아, 똑같이 사는 게 이렇게 어려울 줄이야.

영화는 마치 우리에게 이렇게 얘기하는 것 같다.

당신의 매일이 똑같은 반복처럼 느껴진다면 그건 당신이 매일이 다르길 바라기 때문이라고. 만약 당신이 매일을 똑같이 살고자 한다면 매일은 결코 똑같을 수 없다는 사실을 알게 될 거라고.

심지어 히라야마가 루틴을 잘 지키던 날들도 가만히 들여다보면 절대 똑같지 않다. 날씨가 다르고, 마주치는 사람이 다르고, 불어오는 바람이 다르다. 그렇게 오늘과 완벽히 똑같은 내일이란 없다. 오늘이 지나면 오늘과 똑같은 날은 다시 오지 않는다. 그러므로 오늘 하루는 오늘만의 유일함으로 온전하고 완벽하다. 우리는 매일매일 특별하고 완벽한 하루를 살고 있는 셈이다.

물론 우리는 그 사실을 잊곤 한다. 또 그래야 하고. 매일의 특별함과 소중함을 너무 잘 안다면 일상을 살아낼 수 없을 거다. 예를 들어 다시 오지 않을 오늘, 이 특별한 날에 출근하는 게 맞을까 하는 문제에 맞닥뜨리게 되는 것이다. 오늘의 특별함을 절실하게 깨달은 사람이라면 출근 같은 건 하지 않을 것이다. 다시 오지 않을 소중한 날 회사에 갇혀 있을 순 없으니까 말이다. 아이러니하게도 일상을 지키기 위해선 매일의 특별함을 잊어야 한다. 특별함과 소중함은 문득문득 느껴야 제맛이다.

이런저런 일을 겪은 후 소중한 일상을 되찾은 히라야마는 자신의 루틴대로 하루를 시작한다. 새벽에 일어나 이부자리를 개고, 화초에 물을 주고, 출근길에 카세트테이프를 튼다. 오늘의 선곡은 '니나 시몬'의 〈Feeling Good〉.

이것은 새로운 새벽

이것은 새로운 날

이것은 새로운 삶이야, 내겐

그래서 난 기분이 좋아

  노래를 듣는 그의 기분도 좋아 보인다. 그의 얼굴에 미소가 번진다. 그러다 갑자기 표정이 일그러지더니 울상이 된다. 눈에 눈물이 글썽인다. 그대로 우는가 싶더니 다시 환하게 웃는다. 그는 웃는 동시에 울고, 우는 동시에 웃는다. 그는 도대체 어떤 마음인 걸까. 그의 마음을 가늠해본다.

  영화엔 히라야마의 과거가 나오지 않는다. 화장실 청소부가 되기 전의 삶은 괄호가 쳐져 있다. 어쩌다 이곳에 왔고, 왜 이렇게 사는지 정확히 알 수 없지만 여러 정황으로 대충은 알 수 있다. 결코 쉽지 않았다는 것을.

  그에겐 커다란 상처가 있고, 풍족한 삶을 버리고 도망친 듯하다. 그렇게 얻은 지금의 삶에 그는 대체로 만족하지만 종종 외롭고 초라하다고 느끼는 것 같다. 떠오르는 태양을 보며 그는 희망을 느끼는 동시에 회한과 무력감을 느낀다. 인생은 살아볼 만하다 싶다가도 '거지 같은 인생'이란 생각을 지울 수 없는 것이 아닐까. 내가 종종 그러는 깃처럼.

    영화 마지막, 클로즈업된 히라야마의 얼굴은 흔들리는 나뭇잎 사이로 비치는 햇빛처럼 다양한 표정으로 일렁인다. 때로는 빛이 보이고 때로는 그림자가 드리운다. 그 얼굴은 인간이 느낄 수 있는 온갖 감정을 모아 오려 붙인 콜라주 작품 같다.

    좋은 예술 작품은 우리 마음을 온통 어지럽힌다. 내 마음속에 이렇게나 다양한 감정이 있었음을 다시 한번 깨닫게 된다. 이런 감정을 느낄 수 있다는 것이 새삼 즐겁다. 이것은 기쁨, 살아 있기에 누리는 호사. 살아 있길 잘했다. 오늘은 새로운 날, 새로운 삶이다.

대충 한 결혼

 여러 번 언급했기 때문에 여러분도 알고 있겠지만, 나 결혼했다. 그리 대단한 일은 아니었다. 나의 결혼은 그야말로 "시간 되면 다음 주에 결혼하러 갈까?" 같은 식으로 이루어졌기에 아주 일상적인 일처럼 느껴진다.

 따로 식을 올리지 않았다. 구청에 가서 혼인신고서를 접수한 것이 전부다. 구청에서 일을 마치고 나온 후 여자 친구(현재 아내)와 함께 축하의 의미로 쌀국수를 먹었다. 그렇게 우리는 부부가 되었다.

 비혼을 고수하던 내가 결혼하게 된 건 의외였다. 비혼엔 각자의 이유가 있겠지만, 내 경우엔 보고 자란 것이 큰 영

향을 끼친 게 분명하다. 내 부모의 결혼 생활은 불행했다. 가장 가까운 곳에서 그 불행을 지켜봐온 내가 결혼에 회의적인 건 어쩌면 당연한 일이었다.

부모님처럼 살고 싶지 않았다. 절대 나의 부모 같은 실수를, 결혼만은 하지 않겠다고 다짐했다. 그 단단한 신념이 무너지다니, 나도 놀라고 있다.

사실 무너졌다는 표현은 너무 과격해서 적절하지 않다. 그렇게 충격적인 일은 벌어지지 않았기 때문이다. 실제론 녹아내린 것에 더 가깝다. 아주 오랫동안 지속된 온기에. 녹는 줄도 모르고, 그렇게.

결혼이 내게 대단한 '결심'이 아니었다는 점이 꽤 마음에 든다. 물론 나는 결혼을 장난처럼 가볍게 여기지 않는다. 오히려 결혼을 너무 무겁게 생각한다는 것이 내 문제라면 문제였다. 가볍게 생각했다면 진작 결혼했겠지. 그것도 여러 번.

혼인신고를 하기 전부터 아내와 나는 함께 살았다. 처음부터 결혼을 계획하고 함께 산 건 아니었다. 당시 우리에겐 이런저런 사정이 있었고, 함께 사는 것은 꽤 괜찮은 선택이었다. 세상살이에 서툴렀던 우리는 서로에게 참 많이 의지했다. 둘이었기에 힘든 시절을 잘 보낼 수 있었다. 그렇게 우리는 연인으로, 또 동지로 10년을 함께 살아냈다.

함께 살면서도 결혼에 대한 생각은 딱히 없었다. 그건 아내도 마찬가지여서 꼭 결혼해야겠다는 생각이 없었다. 우리는 결혼하지 않고 이렇게 연인으로 오래오래 함께 살아도 좋지 않을까 얘기하곤 했다. 그만큼 우리는 함께여서 좋았고 지금 상태에 만족했다. 그런데 왜 결혼을 하게 됐을까.

글쎄, 딱히 결혼할 이유는 없었다. 다만 살면서 누군가와 함께 사는 것이 그리 괴로운 것이 아님을, 오히려 상당히 즐거운 일이라는 걸 알게 되었달까. 같이, 잘 사는 것. 따지고 보면 결혼이 추구하는 바도 그것 아닌가. 결혼도 별거 아니네. 그런 생각에 이르자 자연스럽게 다음 발걸음을 내딛게 되었다. 우리는 서로에게 더 단단한 울타리가 되어주기로 했다.

결혼을 하고 몇 년이 지났지만 가끔 내가 결혼했다는 사실을 잊어버리곤 한다. 결혼 전과 달라진 것이 없기 때문이다. 요란하게 결혼식을 했더라면 실감이 좀 났으려나? 그러거나 말거나, 나는 결혼 전과 달라지지 않은 지금이 좋다.

괜히 결혼이란 걸 해서 좋은 관계가 망가질까 내심 염려스러웠던 것도 사실이다. 다행히 결혼은 우리 관계를 망가뜨리지 않았다. 아직은.

다른 걸 바라지 않는다. 결혼이라는 무게에 눌리지 말고, 지금까지 함께해온 것처럼 대충 잘 살아봅시다.

그렇게
아저씨가 된다

"조용히 안 하면 저 아저씨가 이놈 한다."

엘리베이터에 탄 아이의 엄마가 아이를 조용히 시키려고 구석에 가만히 서 있던 나를 판다. 정작 나는 혼낼 생각도 없는데, 괜히 억울하다. 하지만 뭐라 하지 않는다. 대신 아이 엄마에게 고생이 많다는 의미의 미소를 지어 보이고 상황을 넘기려는데 뭔가 삼켜지지 않고 걸리는 게 있었다.

그것은 바로 '아저씨'라는 호칭이었다. 내가…아저씨?

비슷한 상황을 많이 겪었지만 분명 전에는 아저씨로 불리지 않았다. 저 형아, 혹은 저 삼촌이라고 불렸는데 이제는 아저씨다. 충격이다. 아저씨라 불리는 게 전혀 어색하지 않은 40대지만, 아직 아저씨가 될 마음의 준비가 안 되었다고 할까. 평소 동안이라 자부하던 터라 무방비로 세게 한 대 얻어맞은 것 같은 기분이었다. 아저씨라 불리는 게 뭔 대수인가 싶은 여성 독자들의 이해를 돕기 위해, '아가씨' 같은 이름으로 불리다가 어느 날 '아줌마'라 불린다고 생각해보라. 지금 내 심정이 딱 그렇다.

그렇다고 "저 아저씨 아니거든요?"라고 외쳐봤자 아무 도움이 되지 않는다. 스스로를 더욱더 초라하게 만들 뿐이다. '아저씨'나 '아줌마'는 내가 나를 부르기 위해 존재하는 이름이 아니다. 나를 모르는 남이 나를 부르기 위해 존재하는 이름이고, 내가 그들 눈에 아저씨로 부르기에 적당해 보였기에 그렇게 불린 거다. 애초에 이 이름은 부르는 이의 판단에 달렸으며 불리는 이에겐 거부권이 없다. 인간이 모든 사물에 제멋대로 이름을 붙였듯, 그리하여 꽃은 스스로 꽃이라 불리길 원하지 않았지만 꽃이라 불릴 수밖에 없듯이. 그녀가 나를 아저씨로 불러주었을 때 나는 그

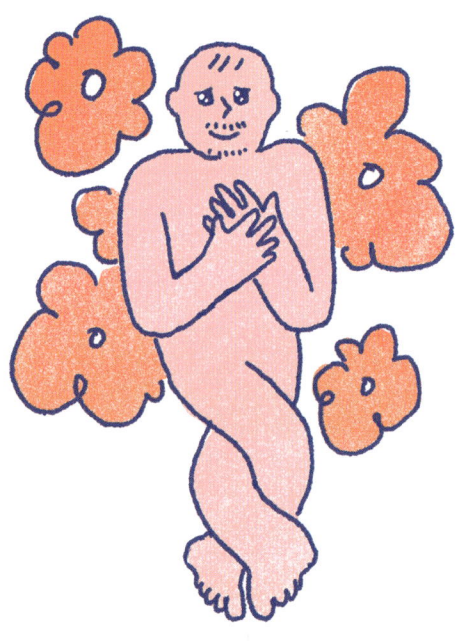

녀에게 가서 아저씨가 되었다.

집에 돌아와 한참 동안 거울을 들여다본다. 어디가 아저씨처럼 보였을까. 탄력을 잃고 처진 피부, 눈가에 자글자글한 주름, 거뭇거뭇 올라온 기미와 반점, 눈에 띄게 늘어난 흰머리, 수염도 희끗희끗…. 가만 보니 영락없는 아저씨가 맞다. 언제 이렇게 됐지? 남들 눈은 생각보다 훨씬 정확하다. 그래서 더 짜증이 난다. 아니, 이건 우울한 거다.

20대에 만나던 한 친구는 입버릇처럼 이렇게 얘기하곤 했다.

"난 쉰 살까지만 살고 죽어버릴 거야. 늙어서까지 사는 건 추해. 50년이면 충분히 산 거 아닌가? 왜 더 살려고 하는지 모르겠어."

나는 그 얘기에 고개를 끄덕였다. 물론 나는 쉰 살에 죽을 생각은 없었지만, 그게 어떤 기분인지는 알 것 같았다. 그때의 우리에게 쉰 살은 영원히 오지 않을 것처럼 멀게 느껴졌다. 늙은 내 모습은 상상도 되지 않았으며 상상하기도 싫었다. 늙은 모습으로 사는 건 죽기보다 싫은 일이었다. 그런 그에겐 쉰 살이 마지노선이었다. 그리고 이제 쉰이 되기까지 몇 년 안 남았다. 지금은 연락이 끊긴 그의 생각은 아직도 변함없을까? 진짜 쉰 살이 되면 죽음을 선택하게 될까?

당연히 아니라고 생각한다. 아마 그는 자신이 했던 말을 기억도 하지 못할 것이다. 기억하더라도 생각이 바뀌었을 거다. 자신이 했던 어이없는 생각에 헛웃음을 지으면서 어떻게든 더 오래 살려고 운동을 시작했으리라. 어떻게 아냐고? 내가 딱 그러고 있으니까.

50년은 생각보다 빨리 지나가고, 충분한 시간도 아니란 걸 알게 된다. 못해본 것도, 하고 싶은 것도 아직 많다. 젊음이 끝났다고 인생이 끝나는 게 아니다. 이 나이에도 얼마든지 꿈꾸고 변화하고 성장할 수 있다. 인생은 관 뚜껑 닫기 전까진 모르는 거 아닌가? 여기서 스톱하고 죽어버리면 너무 아쉽다. 무엇보다 더 살고 싶다. 이유는 없다. 그냥 죽고 싶지 않다. 그러니 어쩌겠나, 살아야지. 추해도 살아야지.

늙는다는 건 기본적으로 슬픈 일이다. 젊음을 빼앗기고 죽음으로 한발 가까이 다가가는 것이기에 늙는 걸 기쁘게 생각하는 사람은 없지 않을까 싶다.

최근 갑작스러운 신체 변화를 겪으며 나도 이제 젊지 않다는 걸 뼈저리게 느끼고 있다. 불과 몇 년 전까지만 해도 이렇지 않았다. 말로는 "나도 늙었네, 늙었어"라고 했지만 진짜 말뿐이었다. 노화를 크게 느끼지 못했고, 얼굴엔 늙음이 보이지 않았다. 그랬는데 몇 년 사이 몰라보게 달라졌다. 한마디로 급 늙었다. 그 결과 제법 중년다운 외모를 갖추게 되었으니 이제 나의 늙음을 나도 알고 남도 안다. 그렇게 나의 청춘은 자타공인, 공식적으로 끝났다. 그러니까 아저씨라는 이름은 일종의 졸업장인 셈이다.

졸업은 끝임과 동시에 새로운 시작이다. 나는 좋기도 했고 징글징글하기도 했던 젊은 시절을 마무리하고 인생의 새로운 단계로 들어섰다. 바로 중년이라 불리는 시기다. 생각해보면 중년은 좀 재미있는 시기다. 젊지도 않지만 그렇다고 완전히 늙은 것도 아니다.

젊음과 늙음의 중간. 삶의 한가운데. 양쪽을 골고루 지닌 나이. 그렇기에 인생에서 가장 균형 잡힌 삶을 살 수 있는 조건을 갖췄다.

인생을 소개시킨 어르신들이 인생에서 가장 좋은 시기로 20대나 30대가 아닌 중년을 많이 꼽는 것도 그런 이유일 테다. 나는 인생에서 가장 좋은 때에 들어섰다. 그렇게 생각하니 아저씨의 삶이 마냥 우울하게만 느껴지지 않는다. 좋다니까 믿어보기로 한다.

좋은 때라고는 하지만 모두에게 그렇지는 않은 것 같다. 균형 잡힌 중년의 삶이란 게 그냥 주어지는 건 아닌 듯하다. 중년이 되어 우울감을 느끼거나 삶의 의미를 잃은 아저씨를 많이 본다. 착실하게 잘 살다가 중년이 돼서 크게 사고(?)를 치는 아저씨도 있고, 꼰대가 돼서 주변을 힘들게 만드는 아저씨도 있다. 예의를 모르는 아저씨, 추태 부리는 아저씨, 돈밖에 모르는 아저씨, 갑질하는 아저씨…. 아아, 내가 그런 아저씨가 될까 봐 무섭다. 정신 똑바로 차리지 않으면 이상한 아저씨가 되기 십상이다. 이왕 아저씨가 된 거, 괜찮은 아저씨가 되고 싶다.

나의 바깥

요즘 들어 산책을 자주 한다. 일주일에 서너 번, 대충 한 시간에서 두 시간 정도 동네 여기저기를 걷는다. 내게 산책은 어쩌다 가끔 하는 것이었는데, 요즘은 일부러 자주 하려고 애쓴다. 여러 이유로 외출할 필요를 느끼기 때문이다.

회사에 다닐 때는 출근 때문에 싫어도 매일매일 바깥에 나갔는데 프리랜서가 되고 나서는 집 밖으로 한 발짝도 나가지 않고 하루를 보낼 때가 많다. 그런 하루하루가 쌓이면 계절이 언제 바뀌는지도 모른 채 한 해가 지나가버리고 만다.

왠지 아깝다는 생각이 들었다. 많은 걸 놓치는 것 같은 기분. 그래 봤자 내가 놓치는 거라곤 한여름 뜨거운 열기와 한겨울 살을 에는 듯한 추위, 눈부신 한낮의 태양, 비 온 뒤에 진동하는 신선한 풀 내음, 온통 하얗게 변한 설경 같은 게 고작…이 아니잖아! 이런 걸 놓치며 산다니 확실히 아까운 일이다. 죽기 전에 매일매일 변화하는 자연을, 세상을 더 많이 봐두고 싶다는 열망이 나를 바깥으로 이끈다. 아, 오해는 마시길. 시한부 뭐 그런 건 아니다.

내향인의 관심은 바깥이 아닌 내면을 향한다. 그러다 보니 자꾸 안으로, 안으로 파고드는데 그게 마냥 좋을 리 없다. 바깥과 교류하지 않는 내면은 고인 물처럼 썩기 마련이다.

내면이 정체되고 있다는 느낌이 드는 요즘, 내게 필요한 건 신선한 바깥바람이다.

무작정 바깥으로 나가기에 산책만큼 좋은 핑계가 있을까? 산책은 특별히 갈 곳이 없어도 그저 걷기 위해 나갈 수도 있다는 명분을 준다. 만약 산책이라는 단어가 없었다면 바깥에 나갈 이유를 찾지 못해 나가지 못했을지도 모른다.

'걷는 것은 자신을 세계로 열어놓는 것이다.'

다비드 르 브르통의 산문집 『걷기 예찬』은 이런 문장으로 시작한다. 겨우 동네를 걷는 일이지만 내게 산책은 세계를 들이마시고, 느끼고, 거니는 일이다. 산책은 내 안으로 세계를 들이는 일인 동시에 나를 세계로 던져놓는 일이다. 이 한 발짝은 세계를 향한 원대한 발걸음이다.

바깥에 나오면 나는 세계의 일부가 된다. 세계와 나 사이를 막는 건 아무것도 없다. 하늘을 올려다보면 끝도 없이 이어진 열린 공간 한가운데 내가 있다는 걸 실감한다. 물론 이 넓은 세계를 다 밟아보진 못하겠지만 그 일부에 발자국을 남겨본다.

산책하면서는 의무감을 느낄 필요 없다. 그저 걸으면 된다. 걷고, 보고, 느끼고, 생각하고. 산책은 내 본분을 일깨운다. 이 세상을 관찰하는 관찰자로서의 본분을. 그 사실은 큰 힘이 된다. 인생이 허무할 때, 내 삶이 초라하게 느껴질 때, 이런 모습으로 사는 것이 무슨 의미가 있을까 의심이 들 때마다 세상을 관찰하는 데서 의미를 찾곤 했다.

이게 무슨 소리인가 하면, 30년 후 세상을 상상해보는 거다. 얼마나 많은 것이 바뀌어 있을까? 과학자들 말대로 로봇이 일하고 인간은 놀게 될까? 자율 주행 자동차가 진짜 돌아다닐까? 세상이 어떻게 바뀔지 너무 궁금하지 않나? 그 세상을 내 두 눈으로 직접 본다는 생각을 하면 가슴이 두근두근 설렌다. 이렇게 살아서 뭐하나 하는 못난 생각이 들 때마다 그저 세상을 구경하는 것이 삶의 이유가 될 수 있다고, 그것만으로도 살아볼 가치가 충분하지 않냐고 묻는다. 그러곤 고개를 끄덕인다. 암, 그렇고말고. 살아야 할 이유는 내 바깥에 있다.

어쩌면 우리는 무엇이 되기 위해 태어난 존재가 아닐지도 모른다. 이 세상을 관찰하기 위한 관찰자로, 혹은 구경하는 여행자로 태어난 게 아닐까 하는 생각을 해본다. 산책은 잊고 있던 내 역할을 상기시킨다. 시선을 나에게서 바깥으로 돌리게 한다.

갑자기 대학 시절 에피소드가 떠오른다. 교수님이 과제와 관련해서 각자 관심 있는 주제를 하나씩 정해 오라고 했다. 우리가 정한 주제를 쭉 살펴보던 교수님은 절규했다.

"제발 나에게서 좀 벗어나!"

교수님이 울부짖은 이유는 우리가 정한 주제가 하나같

이 '나'에 관련된 것이었기 때문이다. 나는 누구인가, 내가 좋아하는 건 무엇인가, 나는 무엇이 되고 싶은가 등등 우리의 관심사는 온통 '나'였다. 그런데 그건 교수님이 이해해줘야 한다. 그 나이대 젊은이라면 누구나 자기가 궁금하기 마련이다. 그리고 그런 호기심은 꼭 필요하다. 하지만 계속 자신에 대해 탐구해도 답이 쉽게 나오지 않으니 미치고 팔짝 뛸 노릇이다. 어딜 가면 나를 찾을 수 있을까?

평소 좋아하는 마스다 미리의 만화를 읽다가 한 장면에서 웃음을 터뜨리고 말았다. 주인공은 엉엉 울면서 이렇게 말했다.

"자신 찾기 따위가 뭐야. 세상에 단 하나밖에 없는 진짜 자신을 자신이 찾아 헤매면 어쩌자는 거냐고."

그래, 나는 여기 있는데 내가 나를 찾아 헤매는 것은 우스운 일일지도 모른다. 다행히 요즘의 나는 나를 찾아 헤매지 않는다. 나에 대해 그리 궁금해하지도 않는다. 나에 대해 다 알게 되어서는 아니다. 그냥 관심이 떨어졌기 때문이다. 그 옛날 교수님의 가르침대로 나에게서 좀 벗어난

걸까. 모르겠다. 하지만 이런 생각은 든다. 나라는 존재는 잊고 그저 살아가는 일, 무아의 상태로 삶에 몰입하는 것. 그것이 진정한 나 자신으로 사는 게 아닐까 하는.

   그냥 대충 살자, 내가 누구인지는 궁금해하지 말고. 분명한 건 나에게서 벗어나면 더 넓은 세계가 기다리고 있다는 사실이다.

가벼운 외출

오전 늦게 일어나 소파에서 뒹굴뒹굴하다 보니 어느새 오후 1시.

'어이쿠, 이러면 안 되지! 오늘은 기필코 밖에 나가야 해.'

서둘러 외출 준비를 한다. 생각이 바뀌기 전에 집을 벗어나야 한다. 바깥의 필요를 절실히 느끼면서도 타고난 집돌이 성향 때문에 잘 나가지 않으려 든다. 동네 산책만으로는 뭔가 채워지지 않는 기분, 알 수 없는 답답함을 느낀다. 그래서 오늘은 좀 더 멀리까지 나가보기로 마음먹었다.

일단 밖으로 나오는 데는 성공. 그런데 어디로 갈지 정하질 않았다. 이제 나는 어디로 가야 한단 말인가? 그럴 때 가기 좋은 곳이 한 군데 있다. 바로 서점이다.

서점엔 볼거리가 가득하다. 책을 사지 않더라도 이것저것 뒤적거리며 놀기에 그만이다. 서점은 갈 곳 없고 심심한 나를 오랫동안 받아주었다. 친구랑 노는 것보다 혼자 있는 걸 좋아하던 초등학생 시절부터 대학을 졸업하고 뭘 할지 몰라 방황하던 백수 시절까지, 서점은 넉넉한 마음으로 길 잃은 내게 자리를 내주었다. 그리고 마흔 중반의 갈 곳 모르는 이 아저씨도 받아줄 거라 믿는다. 어느 서점으로 갈지 잠시 고민했지만 답은 금방 나왔다. 서점 하면 당연히 광화문 교보문고가 아니겠는가. 오랜만에 지하철을 타고 서울 구경을 하게 생겼다.

한낮의 공항철도는 그다지 붐비지 않았다. 출퇴근하는 직장인 대신 인천공항에서 온 여행객이 여럿 보였다. 나 역시 여행자가 된 기분으로 함께 서울로 향했다.

서점에 도착해 한가롭게 책들 사이를 거닐었다. 재미있어 보이는 책을 한 권 사서 근처 조용한 카페에서 읽을 생가이었다. 오랜만의 두시리, 오늘 회들이 엇되시 않을 것만 같았다. 그렇게 나만의 조용한 목표를 가지고 책을 탐색했다. 정말 많은 책이 있었다. 그중 흥미를 끄는 책이 한 권도 없을 리 없다…고 생각했는데 어쩐 일인지 아무 책도 사지 못한 채 서점을 나오고 말았다.

일단은 쉬어야겠어. 체력이 완전 저질이다. 서점 탐방 한 시간 만에 지쳐버린 나는 서점 근처 한가한 카페에 들어가 커피를 주문하고 앉았다. 책과 함께 티타임을 즐기려던 계획은 실패로 돌아갔다. 아, 이게 아닌데. 예감이 좋지 않다.

커피를 홀짝이며 책을 사지 못한 이유에 대해 곱씹어본다. 넷플릭스에서 뭘 볼지 30분 넘게 고민만 하다 결국 나와버리고 마는 내 모습이 겹쳤다. 최근 나는 무언가를 선택하는 데 큰 어려움을 느낀다. 선택지가 너무 많은 탓일까? 물론 그것도 이유 중 하나겠지만 나에겐 더 커다란 문제가 있었다. 바로 호기심이 없다는 거였다. 요즘 나는 어떤 영화, 어떤 책을 봐도 그냥 시큰둥, 관심이 생기지 않는다. 내용이 전혀 궁금하지 않달까. 내게 그것들은 크게 두 가지로 분류된다. 안 봐도 알 것 같은 이야기와 알고 싶지 않은 이야기. 결국 아무것도 보지 않는다. 어쩌다 이렇게 됐을까.

혹시 나이 탓? 노화는 육체에만 국한된 얘기가 아니다. 마음도 늙는다. 모든 이가 그런 건 아니겠지만 나이가 들수록 대체로 호기심이 없어지는 듯하다. 웬만한 세상일은 다 겪어봤고 알 거 다 안다고 생각(착각)한다.

"내가 다 해봐서 아는데…."

세상만사 다 거기서 거기. 흥미 있는 것도 없고 무언가를 새롭게 배울 생각은 더더욱 없다. 새로움과 변화를 거부하고 살던 대로, 관성으로 살아간다. 당연히 사는 게 재미있을 리 없다. 그렇게 깊은 허무와 무기력에 빠져들어 간다. 지금 내 상태가 딱 그렇다. 나이가 들며 찾아오는 자연스러운 변화라 생각하고 받아들여야 하는 걸까? 그건 아닌 것 같다. 그런 무기력은 이 세계에 도움이 되지 않을 뿐만 아니라 자신에게도 좋을 게 없다. 무엇보다 그런 삶은 전혀 즐겁지 않다고!

커피를 다 마셔갈 때쯤 허기가 몰려왔다. 그러고 보니 점심도 먹지 않았다. 한여름이라 아직 밖은 밝지만 시간을 보니 벌써 식당들이 저녁 장사를 시작할 시간이었다. 그럼 밥이나 먹을까? 삶에 대한 의욕이 없는 와중에도 식욕은 있으니 염치가 없다.

카페를 나와 광화문에서 멀지 않은 서촌 방향으로 걸었다. 이 근처에 올 때마다 들르는 식당이 거기 있기 때문이다. 그곳의 마제 소바(일본식 비빔면)는 정말 일품이다. 생각만으로 침이 고인다. 식당 앞은 대기하는 사람들로 북적이고 있었다. 맛집으로 널리 알려진 곳이니 이 정도는 감수해야 한다. 그나마 평일이라 대기가 적은 편이다. 20분쯤 기다려 안으로 안내받았다. 자리에 앉자마자 미리 주문해 둔 음식이 나왔다. 나는 마제 소바와 생맥주를 주문했다. 마제 소바도 맛있지만 이곳 레드락 생맥주가 보통이 아니다. 다이어트 때문에 술을 자제하고 있지만 아, 몰라 몰라. 살은 내일의 내가 빼겠지.

잘 비빈 마제 소바 한 젓가락에 생맥주 한 모금. 크으. 맞아, 이 맛이었지. 행복이 밀려온다. 결국 사람은 맛있는 걸 먹기 위해 사는 게 아닐까. 밖으로 나온 보람이 있다.

맥주 한잔에 알딸딸해졌다. 확실히 매일 단련하지 않으면 주량도 줄어든다. 식당을 나와 술도 깰 겸 서촌 골목을 걸었다. 목적지가 없는 걸음걸음. 오랜만의 방황. 얼마나 걸었을까. 사방은 캄캄해지고 슬슬 발바닥이 아파온다. 나는 도대체 뭘 하고 있는 걸까. 갑자기 허무하다는 생각이 들었다. 인제 그만 집에 가고 싶다.

집에 돌아가기 위해 광화문역으로 걸음을 옮긴다. 멀리까지 걸어간 탓에 한참 걸려 역에 도착했다. 지하철을 타기 전 아쉬운 마음에 교보문고에 다시 들렀다. 그리고 바로 제목이 눈에 띄는 책을 하나 집어 들었다.『칵테일, 러브, 좀비』라니, 왠지 재미있을 것 같다. 호기심이 일었다(드디어!). 지체할 것 없이 결제까지 일사천리로 진행시킨다. 망설임 따윈 없었다. 아까와는 다르게 책 고르는 게 어렵지 않았다. 분명 술 때문이리라. 술은 사람을 좀 더 과감하게 만든다. 그래서 평소 하지 않던 과감한 말과 행동을 한다. 물론 실수도. 어쩌면 이 책을 고른 것 역시 실수일지도 모른다.

실수면 어때? 읽다가 재미없으면 덮으면 그만. 오! 이렇게 심플한 것을. 왜 정신이 멀쩡할 때는 이것저것 따지

고 복잡하게 생각하는 걸까.

나는 호기심이 없어진 것이 아니라 두려웠던 것은 아닐까. 시간과 돈을 낭비하게 될까 봐. 더는 손해 보고 싶지 않아 호기심을 누르고 신중함을 택한 것이 아닐까. 그 마음은 잘 알지만, 이런 작은 실패마저 겁을 내면 이 험한 세상은 어찌 살려고. 그렇다면 해결책은 하나다. 술을 더 자주 마시는 것. 응? 이건 아닌가?

집으로 돌아오는 지하철 안, 답답했던 마음이 조금 가벼워진 걸 느낄 수 있었다. 환기가 되었다. 내 안에 고여 있던 것을 내보내고 신선한 공기를 담아 온 듯한 기분. 때론 단순한 게 해결책일 때가 있다. 오늘의 교훈, 환기를 잘하자.

근처의 행복

 동네에 즐겨 찾는 맛집이 있다는 건 행운이다. 집에서 해 먹는 밥이 지겨울 때, 뭔가 맛있는 게 먹고 싶을 때, 그런데 멀리 가기는 귀찮고 배달 음식은 싫을 때, 슬슬 걸어서 갈 수 있는 동네 맛집은 그야말로 오아시스 같은 존재다. 그런데 그게 행운인 이유는 동네에 맘에 드는 식당이 없을 수도 있기 때문이다.
 지금 사는 동네로 이사 온 건 10여 년 전의 일이다. 이곳은 아무것도 없던 땅에 조성한 신도시이고 그때만 해도 동네에 뭔가가 별로 없었다. 당연히 갈 만한 식당, 아니 식당 자체가 많지 않았다. 맛있는 걸 사 먹으려면 서울까지 가곤 했는데 10년 사이 이 동네도 엄청나게 많이 변했다. 건물도 많이 생겼고 이제는 식당이 너무 많아서 어딜 갈지 고민이 될 정도다. 동네가 발전하는 걸 지켜보는 건 즐거운 일이다.

음식점이 많이 생겼다고는 해도 계속 가고 싶은 생각이 들 정도의 맛집은 별로 없었는데 최근 내 맘에 쏙 드는 가게를 발견했다. 덕분에 동네 생활이 더 풍성해지고 즐거워졌다. 이제야 이곳이 정말 살기 좋은 곳이라고 느낀다.

도시는 맛집으로 완성되는 것 아닐까?

내가 가장 좋아하는 동네 맛집 톱 3는 공교롭게도 모두 술집이다. 오해는 마시길. 내가 술꾼이라서가 아니라 그 집들의 음식이 진짜 맛있기 때문이다. 술 때문이 아니라 순전히 맛있는 안주 때문에 찾는다고 보면 된다. 아아, 설득력이 떨어지는 것 같다. 그래, 솔직해지자. 어쩌면 난 괜찮은 식당보다는 괜찮은 술집이 동네에 생기길 줄곧 기다려왔는지도 모른다.

사실 마음속에 저장할 만한 괜찮은 술집을 찾는 것은 좀 힘든 일이다. 음식만 맛있으면 웬만한 건 다 용서가 되는 일반 식당과 달리 술집은 음식이 전부가 아니다. 공간

이 주는 분위기가 중요하다. 그걸 단순히 인테리어라고 말하긴 힘들다. 공간을 채우는 모든 것이랄까. 냄새, 음악, 조명, 직원들의 친절함과 활기, 가게 곳곳에서 드러나는 주인장의 취향, 그곳을 찾은 손님들의 느낌…. 모든 것이 술집의 분위기를 구성하는 요소가 된다.

소박하고 편안하면서 왠지 세련된 느낌이 드는 술집이 내 취향이다. 음, 그게 정확히 어떤 것인지 설명하기는 어렵다. 그냥 나만의 느낌적인 느낌이랄까. 이러니 취향에 맞는 술집 만나기가 얼마나 어렵겠는가. 거기다 음식도 맛있어야 하고. 확실히 쉽지 않다. 그런데 내 맘에 드는 동네 술집이 여럿이니 얼마나 운이 좋은가.

즐겨 찾는 동네 맛집에 갈 때면 장사가 잘되는지 항상 살피는 편이다. 빈 테이블이 많으면 걱정이 된다. 장사가 안돼서 가게가 없어지는 일이 일어날까 봐서다.

좋아하던 가게가 없어지는 걸 너무 많이 봤다. 한 가게가 같은 자리에서 오랫동안 장사를 한다는 건 쉬운 일도 당연한 일도 아니다. 내가 좋아하는 가게는 부디 오래오래 살아남았으면 하는 마음이다. 그런 마음에서 가게가 잘되길, 사장님이 지금 하는 일이 너무 괴롭지 않길 응원한다.

동네 술집에서 즐겨 먹는 메뉴는 대단한 것이 아니다. 돈가스, 감자 샐러드, 야키소바, 김치 우동, 닭튀김 같은 흔하고 소박한 것들이다. 특히 돈가스와 흰쌀밥, 그리고 생맥주의 조합을 제일 좋아하는데 식사로도 술안주로도 아주 그만이다. 글로 적다 보니 갑자기 먹고 싶다. 아무튼 그런 대단하지 않은 음식이 날 즐겁게 한다. 요즘엔 먹는 낙으로 사는 것 같다.

"최근 가장 행복했던 일은 무엇인가요?"라고 누군가 묻는다면 잠깐 고민하다가 "주말에 아내와 잉글랜드 왕돈까스(인천 3대 돈가스 중 하나로 1981년에 오픈했으며 옛 시절의 감성이 그대로 남아 있는 노포)에 갔던 일이요." 같은 시답잖은 답을 할 것 같다. 사랑하는 사람과 맛있는 걸 먹을 때 제일 행복하다. 예전엔 행복이 더 크고 대단한 거라고 생각했다. 예를 들면 엄청난 성공이나 돈, 권력 같은 것 말이다.

그런데 최근엔 행복을 떠올리면 맛있는 음식을 함께 나눠 먹는 장면만 떠오른다.

겨우 그따위 일이 행복하냐고, 행복한 일이 그렇게도 없냐고 누군가는 비웃을 수도 있겠지만 나는 그것이 참으로 다행이라 여긴다. 이런 작은 일에 행복을 느낄 수 있다는 건 행운이다. 이보다 더 대단한 일에만 행복을 느끼는 사람이었다면 확실히 지금보다 덜 행복한 삶을 살았을 테니까. 동네에 맛있는 가게가 있고, 함께 먹어줄 짝이 있고, 행복이 가까이 있다.

멀어지게 둔다

 오랫동안 알고 지낸 친한 동생에게 오랜만에 연락했는데 답이 없다. 바빠서 못 봤나 보다. 부재중 통화를 보고 나중에 연락을 주겠거니 생각하며 더는 연락하지 않았다. 그게 몇 개월 전인데 아직까지 연락이 없다.

 나를 피하는 건가? 내가 무슨 실수라도 한 걸까? 오만 가지 생각이 들었다. 기억을 더듬고 곱씹어봐도 도무지 알 수 없었다. 다시 연락해볼까 싶었지만 결국 그만두기로 한다. 그에게 뭔가 사정이 있겠지. 그렇다면 그건 그의 문제. 그의 문제를 내 문제로 만들지 말자.

 나도 사람들의 연락을 피한 적이 있다. 사람들의 문제가 아니라 내 문제 때문이었다. 나 자신이 너무 초라하게 느껴져서 누구도 만나고 싶지 않은 시절이 있었다. 그들에겐 미안한 일이지만 내가 살려고 그랬다. 지금 연락하지 않는 그도 나처럼 그런 시기를 보내고 있을지도 모른다. 아니면 그에게 나는 더는 연락하고 싶지 않은 사람이 된 걸지도 모른다. 이유가 뭐든 내가 할 수 있는 일은 없다. 계속될 인연이라면 언젠간 보겠지. 이대로 멀어진다면? 그렇다면 멀어지게 둔다. 영원한 관계란 없다.

한 시기를 함께하던 사람도 때가 되면 멀어지게 된다. 특별한 이유가 있어서 멀어지기도 하지만 보통은 특별한 이유 없이 멀어진다. 굳이 이유를 찾는다면 '시간'일 것이다. 시간의 흐름에 따라 모든 것이 퇴색하고 소멸한다. 그것이 자연의 섭리다. 관계도 마찬가지여서 언젠가는 끝나게 된다.

어린 시절 붙어 다니다시피 하던 친구가 있었는데, 시간이 지나고 각자 다른 길을 가면서 지금은 연락도 잘 하지 않는 사이가 되었다. 생각해보면 그와 나는 잘 맞지 않았다. 그럼에도 그 시절엔 서로가 서로를 필요로 했다. 그런 동맹이 그 시기를 잘 버티게 해준 것도 사실이다. 그래서 그에게 고마운 마음이 있다. 그렇다고 그 인연을 지금까지 이어 가고 싶은 마음은 없다. 아마 그도 같은 마음일 것이다.

몇 년 전, 10여 년 만에 그와 술자리를 가진 적이 있었다. 오랜만에 만나 회포를 풀려는 취지와 다르게 그 자리는 우리가 얼마나 다르고 잘 맞지 않는지 재차 확인하는 자리가 되었다. 아, 이래서 우리가 그동안 만나지 않은 거였지. 그 만남 이후로 우리는 보지 않는다. '절교'라는 극단적인 정리는 아니지만 자연스럽게 거리가 생겼다. 언제 시간 되면 꼭 보자는 문자만 몇 년째 주고받는다. 서로 내키지 않는 거다.

나이가 들면 불편함을 감수하면서 관계를 이어갈 시간도 체력도 없어진다. 그 덕분에 많은 게 정리된다.

나이가 들면서 인간관계가 줄어드는 걸 느낀다. 동창이라든가 전 직장 동료라든가 한때 인연을 맺었던 사람들과 서서히 멀어진다. 인간관계를 유지할 에너지가 줄어들기 때문이다. 친구도 마찬가지다. 원래도 친구가 많지 않았지만 지금은 친구라 부를 수 있는 사람이 몇 남지 않았다. 서운함보다는 심플해진 지금의 인간관계가 꽤 마음에 든다.

중요한 관계만 남고 별로 중요하지 않은 관계는 자연스럽게 멀어진다. 시간이 약이라는 속담도 있듯 시간은 많은 것을 빼앗아 가기도, 해결해주기도 한다.

어릴 땐 친구라는 이름이 삶에서 큰 부분을 차지하지만 중년쯤 되면 친구는 약간 구석으로 밀려난다. 먹고사느라 힘들기도 하고, 책임질 것이 늘어나기도 하고, 그렇게 각자의 삶이 바쁘다 보니 친구를 찾을 여유가 없다. 사정이 이렇다 보니 거기에 대해 서로 섭섭해하지 않는다. 그것이 어른의 우정이고 여유다.

가끔 전화 통화하는 친구가 있다. 서로 사는 곳도 다르고 바쁘다 보니 얼굴은 못 보고 목소리로만 교류한 지 몇 년째다. 그래서 우리는 통화할 때마다 "어이, 사이버 친구 안녕하신가?" 하며 인사를 한다. "너 사람 아니지? AI지?" 같은 농담도 한다. 사실 보려고 마음먹으면 못 만날 것도 없지만 그러지 않는 거다. 서로의 일상과 루틴이 깨지지 않도록, 이 관계가 부담이 되지 않도록 배려하는 마음이랄까. 그렇게 멀리서 서로의 삶을 응원하고 있다. 자, 그럼 현실 세계에서 만날 때까지 건강하게 잘 지내길.

내겐 너무 귀여운 그녀

아내와 함께 영화를 볼 때는 영화에 집중하기 힘들다. 그녀의 아름다움에 자꾸 시선이 뺏겨서는 아니고, 그녀의 리액션 때문이다. 가령 스릴러 영화를 볼 때 그녀는 이런 얘기를 자주 한다.

"저 사람 어떻게 돼? 죽어? 안 죽어? 아, 빨리 말해줘!"
나도 모른다. 처음 보는 영화니까.

그녀는 긴장감 넘치는 장면을 잘 보지 못한다. 내 돈과 시간을 써가면서 왜 심장 뛰게 긴장해야 하냐고 따져 묻는다. 나는 할 말을 잃는다. 음, 스릴러 영화는 같이 못 보겠다. 사정이 이러니 공포 영화는 더더욱 틀렸다. 화면에 칼이나 피만 나와도 눈을 가리고 마치 자신이 다친 것처럼 괴로워한다. 귀신은 더 싫어한다. 다른 영화는 어떨까? 액션 영화를 볼 때 그녀는 액션에 집중하지 못한다. 다른 것들이 더 신경 쓰이기 때문이다.

"아무리 주인공이라도 도로에서 저렇게 역주행하면 안되지! 자기 미션만 중요하고 시민들 목숨은 안 중요한 거야? 저거 봐. 사고 났잖아. 저기 타고 있는 선량한 시민은 아무 잘못도 없이 죽는 거라고."

틀린 말이 하나도 없다. 하지만 이건 영화잖아요. 실제론 아무도 죽지 않았다고 얘기해줘도 그녀의 화는 풀리지 않는다. 그녀는 영화에서도 법과 질서가 잘 지켜지길 원한다. 아무도 피해 입지 않길 바란다. 추격 신에서 주인공과 부딪혀 과일 장수 아저씨의 과일이 길바닥에 내동댕이쳐지는 것만 봐도 안타까워한다. 과일이 못 쓰게 됐으니 저 아저씨의 생계는 어떡하냐고 걱정한다. 그리고 주인공은 천하의 몹쓸 놈이 된다. 아, 이런 세심하고 다정한 모습에 내가 반한 거였지. 하지만 영화 감상에는 별로 도움이 안 된다. 아니, 방해가 된다.

활발한 성격에 가려져 몰랐는데 아내는 초예민 개복치 재질인 게 분명하다. 그런 그녀에겐 영화 보는 것도 스트레스가 된다는 걸 알게 된 후엔 영화를 권하지 않는다. 영화는 나 혼자 보는 걸로. 아, 남녀노소 모두 즐길 수 있는 안전한(?) 애니메이션은 함께 볼 수 있다. 최근에 〈와일드 로봇〉을 함께 봤는데 그녀가 눈물 콧물 다 쏟으며 오열하는 바람에 내 눈물이 쏙 들어가고 말았다. 도무지 사랑하지 않을 수 없는 여자다.

안국동에서 아내와 데이트하다가 문구를 파는 소품 숍을 구경하게 되었다. 가게 안은 나를 빼고 죄다 여자들이었다. 그리고 여기저기서 똑같은 소리가 들려왔다.

"꺄아, 귀여워."

여기서도 귀여워, 저기서도 귀여워. 귀엽다는 감탄사만

허락된 것처럼 그 소리만 들렸다. 이곳은 귀여움을 숭배하는 예배당이다. 아니나 다를까 아내 입에서도 찬양이 터져 나왔다.

"우왕, 귀엽다. 이거 봐, 귀엽지?"
잘 모르겠다. 하지만 나는 잘 훈련된 남자.
"정말 귀엽다. 정신 똑바로 차려. 정신 놓았다간 지갑이 다 털릴지도 모르니까."

그녀는 내 대답에 만족해하면서 이것저것 구경했다. 그러곤 동네 친구들에게 선물한다며 고양이가 그려진 스티커를 몇 장 고르기 시작했다. 나이가 내일모레 오십인데 스티커를 산다고? 조금 충격이었다. 스티커는 초등학교 졸업하면서 같이 졸업하는 거 아니었나? 스티커를 나눠 갖고 꺄르르 즐거워할 그녀와 친구들의 모습이 그려졌다. 아이고, 너희가 더 귀엽다.

궁금해졌다. 과연 그녀는 몇 살까지 스티커를 좋아할까? 앞으로 살면서 흥미롭게 지켜볼 거리가 생겼다. 문득 그녀가 환갑이 돼서도, 일흔이 돼서도 귀여운 것을 보면 환호

히고 스티커 같은 걸 사 모으는 할머니가 됐으면 좋겠다고 생각했다. 그녀가 귀여운 문구 제품에 관심을 잃고, 이런 걸 사서 어디다 쓰냐고 말한다면 왠지 좀 슬플 것 같다. 그건 너무 삭막하다. 그녀에게도 나에게도.

귀여움은 알게 모르게 우리의 삶과 세계를 구원하고 있다.

마감 인간

나는 지금 여러분이 읽고 있는 이 책의 원고를 쓰고 있다. 약속한 원고 마감이 열흘 정도 남았는데 아직 다 끝마치지 못했다. 90퍼센트 정도 썼고 나머지 10퍼센트만 더 쓰면 되는데 글이 잘 써지지 않는다.

째깍째깍. 시간은 점점 다가오는데 단 한 글자도 쓰지 못하고 며칠을 흘려보내고 나니 불안감이 밀려온다. 아아, 열흘 안에 끝내지 못할지도 몰라. 어떡하지? 이건 근래 느껴보지 못한 초강력 스트레스다. 아주 미쳐버릴 지경이다.

이쯤 되니 2월 말까지 다 끝낼 수 있다고 말한 나 자신이 원망스럽다. 더 여유를 두고 마감 날짜를 정할 걸 그랬다. 아니다. 날짜를 더 늦췄어도 나는 똑같은 상황에 놓여 있을 게 분명하다.

지난 몇 년간 나에겐 무한정의 시간이 있었다. 그럼에도 책을 끝내지 못했다. 내가 굳이 출판사와 마감일을 정한 것은 나를 궁지에 몰아넣기 위해서였다. 이런 압박이 없으면 이 일을 끝낼 수 없다는 결론에 이르렀기 때문이다.

창작이란 자유로운 분위기에서 행해지는 것이라 생각했다. 그래야 더 좋은 결과물이 나온다고 여겼다. 어떤 외압이나 스트레스도 없이 자연스럽게 흘러나오는 아이디어가 순수한 창작 아니겠냐고.

그래서 나를 구속하는 모든 것을 벗어나 책을 쓰기로 했다. 일부러 계약도 하지 않았다. 자유로운 상태에서 쓰고 싶은 얘기가 떠오를 때마다 쓰고 싶었다. 그렇게 몇 년이나 자유롭게 쓸 시간을 줬는데 정작 쌓인 글은 많지 않았다. 단순히 게으름 때문은 아니었다. 나는 자유 안에서 길을 잃었고 방황했다.

'이게 맞나?'

나는 글을 쌓아 올리는 대신 써놓은 글을 의심하는 데 시간과 에너지를 썼다. 이렇게 쓰는 게 맞는지, 이런 글이 의미가 있는지, 이따위 글을 누가 읽어줄지…. 어쩌면 혹평만 받는 책이 될지도 몰라. 그런 생각에 이르자 더는 쓸 수가 없었다.

'이러다간 죽도 밥도 안 되겠구나.'

몇 년이나 방황한 끝에 내린 결론은 나에게서 자유를 박탈해야 한다는 거였다. 자유는 개뿔. 나는 그렇게 두면 안 되는 인간이었다. 약간 슬픈 결과지만 받아들여야지 어쩌겠나. 그렇게 자유 인간은 마감 인간이 되어 아이디어를 짜내고 있다. 무슨 일이 있어도 마감은 지켜야 한다. 마감은 신성하다.

생물학자 최재천 교수님의 유튜브를 보다가 글쓰기에 대한 흥미로운 얘기를 들었다. 그는 지금까지 100여 권이 넘는 책을 썼는데, 어떻게 하면 그렇게 많은 책을 쓸 수 있냐는 질문을 받고 자신이 처음 책을 쓴 계기를 들려줬다.

그는 처음 책을 써야겠다고 마음먹고 글을 쓰려 했지만 몇 달 동안 한 페이지도 쓰지 못했다고 한다. 그때 한 잡지사에서 글을 연재해달라는 요청이 왔고, 자신이 쓰려 했던 내용으로 한 편씩 연재를 시작했다. 그리고 마감의 고통이 시작되었다.

힘들게 한 편 쓰고 나면 다음 마감일이 돌아오고, 밤을 새워서 어떻게든 마감일에 맞춰 글을 보내면 또 다음 마감일이 오고. 끝도 없이 이어지는 마감의 고통 속에서 1년을 연재하고 나니 한 권의 책이 되었다는 얘기였다. 그게 자신이 글을 쓰는 방법이라고 했다. 그는 글을 쓰지 못하는 이들에게 쓰지 않으면 안 되는 상황으로 자신을 몰아넣고, 노예처럼 족쇄가 채워진 채 끌려가듯 글을 쓸 것을 권했다.

그 얘기를 듣는 내 얼굴엔 웃음이 번졌다. 교수님 말이 너무 공감되기도 하고, 위로가 되기도 했기 때문이다.

아, 내가 특별히 못난 인간이라 글을 쓰지 못한 게 아니었구나.

자유로운 상태에서 무언가를 만들어내는 것은 원래 힘든 일이구나. 그러므로 구속과 압박이 필요하구나. 무거웠던 마음이 조금 가벼워졌다.

비록 시간이 오래 걸렸지만 옳은 방법을 찾아낸 거였다. 사실 따지고 보면 내 모든 창작은 마감 속에서 이루어졌다. 늘 마감에 쫓겼고, 마감을 지켜내려 고군분투했다. 매번 못해낼 것 같다는 두려움에 떨면서도 어떻게든 약속을 지켜냈다. 자랑은 아니지만, 마감을 어긴 일은 단 한 번도 없다. 마감 앞에서는 초인적인 능력이 발휘되는 것 같다.

하지만 그런 압박이 즐거울 리는 없다. 그래서 마감 스트레스가 없는 여유로운 창작을 꿈꿨지만, 결국 그것은 좋은 방법이 아니었다. 적어도 나에게는. 그동안 나는 마감의 도움으로 창작을 해왔던 거였다. 그 사실을 좀 더 일찍 깨달았다면 몇 년간의 방황과 시간 낭비는 없었을 텐데. 그래도 그 시간이 있었기에 이렇게 마감을 기꺼이 받아들이고 있지 않은가.

그나저나 이번 마감일도 지킬 수 있겠지? 자신이 없다. 아아, 스트레스. 아니다. 이건 스트레스를 받는 게 아니라 스트레스를 이용하는 거다. 나는 마감 스트레스를 이용해서 이번 책을 완성할 것이다. 반드시.

인생은
낙서처럼

 앞에서 원고 마감이 다가오고 있다고 얘기했는데, 글만 쓰면 끝나는 게 아니다. 책에 실을 삽화도 그려야 한다는 걸 잊고 있었다. 오 마이 갓. 삽화 안 그리면 안 되나?

 책에 그림이 꼭 있어야 하는 건 아니지만, 저자의 원래 직업이 일러스트레이터이니 그림이 있는 게 모양새가 좋지 않겠냐는 게 출판사와 나의 생각이다. 그것이 다른 작가와의 차별점이기도 하고. 그래서 책에 들어갈 그림을 그린다. 이왕이면 그림이 독서의 즐거움을 더해주면 좋겠다는 생각에 그림 고민도 이만저만이 아니다.

아직 그림 작업에 들어가지 않았지만 마음속으로 정해둔 스타일은 있다. 그건 바로 대충 그린 듯한 낙서풍 그림이다. 책 제목과 잘 어울리기도 하지만 낙서풍 그림은 내가 전부터 동경하던 스타일이라 이번 책에서 꼭 해보고 싶다.

문제는 낙서 같은 그림을 그리는 게 쉽지 않다는 점이다. 그까짓 거 대충 힘 빼고 그리면 되는 거 아닌가 생각할지 모르겠다. 나도 그랬다. 그런데 이게 막상 해보니 마음처럼 대충 그려지지 않는다. 낙서하려고 펜을 잡는 순간 뭐부터 해야 할지 몰라 막막해진다. 뭘 그려야 하는지, 선은 어떻게 그어야 하는지 고민이 된다.

어찌어찌 뭐라도 그리고 나서도 영 맘에 들지 않는다. 뭔가 부자연스럽다. 낙서 스타일의 묘미라면 단연 엉성함과 자유로움이다. 선도 삐뚤빼뚤하고, 인체의 형태나 비율도 제멋대로고, 어린아이가 그린 것처럼 어떤 형식이나 규칙에 얽매이지 않는다. 그런데 내가 그린 선과 형태는 어딘지 모르게 딱딱하다. 무언가에 갇혀 있달까. 낙서의 자유로움과 호방함이 느껴지지 않는다. 낙서는 어렵다. 적어도 나에게는 그렇다.

본디 낙서는 가벼운 것인데 어째서 나에겐 이토록 어렵

고 무거운 것일까. 생각해보면 원래도 난 낙서를 즐겨 하는 편이 아니다. 특히 일러스트레이터가 된 이후로는 아예 낙서를 안 했다고 봐도 된다.

흔히 그림 그리는 것을 직업으로 삼는 사람을 떠올리면 항시 작은 노트를 가지고 다니며 틈만 나면 생각나는 것을 스케치하거나 자유롭게 낙서하는 이미지가 떠오른다. 실제로도 그렇고. 하지만 나는 그쪽과는 거리가 멀다.

작은 노트를 가지고 다니는 일이 없을뿐더러 심심해서 무언가를 끄적거리는 일은 더욱 하지 않는다. 내가 펜을 들어 그림을 그리는 일은 오직 '의뢰'가 있을 때만 이루어진다. 누군가 돈을 주고 나는 그에 합당한 그림을 그려야 할 때, 분명한 목표와 동기가 생길 때만 그림을 그린다. 곧 일이 아니면 그림을 그리지 않는다는 말이다. 그러니 낙서는 어떻겠는가. 그건 내 입장에서 보면 정말 쓸데없는 짓에 불과했다. 그래서 전혀 하지 않았다.

당연하게도 해본 적 없는 낙서를 이제 와서 하려고 하니 잘될 턱이 없었다. 내게 낙서는 낯설고 불편한 세계였다. 낙서의 본질은 가볍고 쉬울지 모르나 나에겐 익숙지 않은 어려움투성이 영역이었다. 애초에 가벼운 마음만 가지고 되는 일이 아니었다. 아니, 내 마음은 전혀 가벼워지지 않고 있다, 낙서조차 어렵게 느낄 만큼. 그러니까 이건 연습이 필요한 일이다. 낙서도 연습을 해야 한다니 이상하게 들릴지도 모르겠지만, 나에겐 그랬다.

어쩌면 힘을 빼고 가벼워지는 것도 연습이, 훈련이 필요한 일인지 모른다.

내가 망설임 없이 대담하게 낙서할 수 있다면 그건 내가 조금 더 가벼워졌다는 뜻일 테다. 왠지 그렇게 된다면 그림뿐 아니라 글도, 더 나아가 삶도 훨씬 수월해질 것만 같다. 힘을 빼고 자연스럽게 발걸음을 내디딜 수 있는 사람이 될 것 같다.

아직 그리지 않은 내 그림, 이 책을 읽고 있는 여러분은 그 그림을 보고 있을 텐데 어떻게 보일지 궁금하다. 대충, 아무렇게, 쉽게 그린 것처럼 보였으면 좋겠다.

아이 러브 홍콩

최근 홍콩 여행을 다녀왔다. 홍콩은 내가 좋아하는 여행지 중 하나다. 이번이 세 번째 홍콩 여행이니 많이 가보진 않았지만 갈 때마다 좋은 느낌이다.

돌아보니 인생의 분기점이랄까 변곡점이랄까, 좋은 쪽으로 삶이 변하는 시기에 우연히 홍콩 여행을 했다. 그래서 더 특별한 느낌. 홍콩을 다녀오면 좋은 일이 생긴다는 나만의 미신도 생겼다. 홍콩 완전 호감.

홍콩을 좋아하는 데는 아무래도 홍콩 영화가 큰 영향을 끼쳤다. 요즘 젊은 세대에겐 홍콩 영화가 낯설겠지만, 우리

세대는 한국 영화보다 홍콩 영화를 더 많이 보며 자랐다.

당시에는 홍콩 영화의 인기가 어마어마했다. 유덕화, 장국영, 주윤발 같은 홍콩 스타들이 우리나라 CF를 찍을 정도였으니까. 홍콩 영화는 아시아는 물론 서구권에서도 잘 나갔다.

홍콩 영화에 지대한 영향을 받으며 자란 사람으로서 처음 홍콩에 갔을 때 느낀 흥분은 이루 말로 할 수 없을 정도였다. 마치 영화 속으로 들어온 것 같은 느낌이랄까. 가는 곳마다 홍콩 영화가 떠올랐다. 〈중경삼림〉, 〈화양연화〉, 〈아비정전〉…. 홍콩 영화에서 본 공간을 걷고 있다는 생각만으로 황홀해졌다. 허름하고 지저분한 뒷골목, 화려한 간판, 창밖으로 빨래를 널어놓은 고층 건물의 생경한 풍경 등 모든 것이 신선하고 즐거웠다.

복잡한 홍콩의 건물들을 구경하는 것만으로도 시간이 어떻게 가는지 몰랐다. 트램을 타고 2층에 올라가 앉아 창밖으로 흘러가는 도시의 풍경을 넋 놓고 바라보곤 했다. 여행지에서 사진을 안 찍는 편인데 첫 홍콩 여행에선 사진을 정말 많이 찍었다. 홍콩이란 도시의 풍경은 셔터를 누르지 않고는 버티지 못할 풍경이다.

첫 홍콩 여행 이후 10여 년이 지났다. 처음 같은 흥분은 당연히 느끼지 못했지만 이번 홍콩 여행도 너무 즐거웠다. 이번엔 이전 여행에서 가보지 않았던 동네를 둘러봐서 좋았다. 요즘 홍콩 젊은이들이 많이 간다는 '타이항'에도 가고, 한적한 바닷가 마을 '케네디 타운', 우리나라의 힙지로(을지로)를 떠올리게 하는 '삼수이포'를 구경했다.

아, 그 유명한 '익청 빌딩'도 보았다. 익청 빌딩은 사진으로 워낙 많이 봐서 큰 기대를 하지 않았는데, 막상 마주하니 박력 넘치는 위용에 입이 다물어지지 않았다. 이게 홍콩이구나 싶은 풍경이었다. 문득 그 안에서 살아가는 홍콩 사람들의 삶이 궁금해졌다. 더불어 다른 사람의 일상을 이렇게 구경거리로 관광하는 것에 대한 이상한 기분을 느꼈다.

홍콩 여행의 모든 것이 좋은 건 아니다. 맘에 들지 않는 부분도 있는데 그건 바로 음식이다. 안 맞아도 너무 안 맞는다. 그 나라에서만 맛볼 수 있는 음식을 경험하는 건 여행의 큰 즐거움 아니겠는가. 평소 여행은 그 나라 음식을 먹으러 가는 것이라는 생각을 갖고 있는 내게 홍콩은 실망감을 안겨주는 도시이기도 하다.

이전 두 번의 홍콩 여행에서 음식 때문에 고생했던 터라 이번엔 준비를 좀 했다. 우선 내가 맛없는 가게만 들렀다는 생각에 서치를 했다. 현지인에게 인기 있는 맛집, 한국인에게 인기 있는 맛집, 미슐랭 맛집, 숨겨진 맛집…. 온갖 추천을 받아 구글맵에 표시해두고 여행 내내 찾아다녔다. 그리고 결론은 홍콩 음식은 역시 나랑 맞지 않는다는 거였다. 이번 홍콩 여행에서 가장 맛있게 먹은 음식은 한국으로 돌아오는 비행기 기내식으로 나온 '비빔밥'이었다.

오해가 있을 것 같아 덧붙이면, 홍콩 음식은 아무 잘못이 없다. 이건 순전히 개인적인 입맛의 문제다. 홍콩은 미식의 도시로 불리는 음식의 천국이다. 단지 내게 맞지 않을 뿐이다. 홍콩 음식에서 공통으로 느껴지는 향이랄까 향신료랄까, 뭔지 모를 냄새 때문에 잘 못 먹겠다. 심지어 맥도날드에서 파는 햄버거에서도 향이 난다. 그리고 홍콩 음식은 내 입에 너무 기름지고 느끼하다. 김치가 간절해지는 맛이랄까. 외국 여행할 때 김치를 챙겨 가는 사람을 보면 이해가 잘 안 갔는데 이제야 그 마음을 알게 되었다. 홍콩 여행할 땐 주머니에 김치를 넣어 가지고 다녀야 한다고 본다. 아아, 다 필요 없고 진심 한식이 짱이다. 이번에 보니

그럼에도 불구하고
즐거운 여행이야.

홍콩에도 한식당이 꽤 많더라. 다음에 또 홍콩에 간다면 한식을 주로 먹을 예정.

음식이 이렇게 안 맞는데도 홍콩에 또 가겠냐고 물어본다면 내 대답은 "예스"다. 식당에 갈 때마다 실망을 안겨준 홍콩이지만 그래도 또 홍콩에 가고 싶다. 하나가 싫으면 전체가 다 싫어지곤 하는 원래 내 성격대로라면 "다시는 안 가"라고 했을 텐데, 의외의 대답이라 나도 조금 놀랐다. 그만큼 홍콩은 내게 매력적인 도시다. 너무너무 재미있다.

홍콩을 대하는 마음처럼 살고 싶다. 살면서 만족스럽지 않은 부분이 참 많지만 그럼에도 이 여행이 또 하고 싶을 만큼 즐거운 것이었으면 좋겠다.

100퍼센트 만족스러운 삶은 없다. 저마다의 불만과 결핍을 안고 살아가는 게 삶이다. 그럼에도 재미있게 살아갈 수 있다고 믿는다. 내가 홍콩을 즐기듯이 말이다.

돌아보면
괜히 서글퍼진다

 정말 좋아하는 영화를 말할 때 '인생 영화'라는 표현을 쓴다. 그만큼 자신의 인생을 통틀어 손에 꼽는 영화라는 뜻일 테다.
 누군가 "당신의 인생 영화는 무엇인가요?"라고 묻는다면 상당히 머뭇거릴 거 같다. 인생 영화가 없어서가 아니고 너무 많아서다. 어림잡아 100편쯤 되는 것 같은데 그중에 딱 한 편을 꼽는다는 건… 아무래도 불가능하다. 모두 다른 의미로 좋기 때문에 우열을 가릴 수 없다.
 사실 인생 영화가 100편이라는 건 과장이고 나도 정확히 몇 편인지 모른다. 말이 나온 김에 나의 인생 영화를 꼽

아부자

〈러브레터〉, 1999
〈중경삼림〉, 1995
〈쇼생크 탈출〉, 1995
〈트루먼 쇼〉, 1998
〈첨밀밀〉, 1996
〈조제, 호랑이 그리고 물고기들〉, 2003
〈달콤한 인생〉, 2005
〈화양연화〉, 2000
〈대부 1〉, 1973
〈대부 2〉, 1978
〈시네마 천국〉, 1990
〈원스〉, 2007

스톱, 생각나는 걸 다 적다간 지면이 부족할 것 같다. 정확한 수는 모르지만 상당히 많은 영화가 인생 영화로 남아 있는 건 분명하다.

영화 리스트를 적다가 알게 된 사실 하나. 내 인생 영화는 대부분 10대와 20대에 본 것이라는 사실이다. 신기한 일이다. 30대나 40대에도 많은 영화를 보았고 여기 적은 영화보다 훨씬 좋은 것이 많은데 그것들은 인생 영화를 꼽을 때 최우선으로 생각나진 않는다. 그 이유는 뭐랄까, 분명 훌륭한 영화지만 나를 흔들어놓지는 못했다고 할까.

내가 본 모든 영화에 스스로 별점을 매기고 별점이 높은 순으로 줄을 세운 후, 상위권 영화를 인생 영화라 부르기로 한다면 아마 내 인생 영화 리스트는 많이 달라졌을 것이다. 그러니까 인생 영화란 최고의 영화를 뜻하지 않는다. 최고는 아닐지라도 내 마음이 끌리는 것, 오래도록 기억에 남는 것, 특히 감수성 예민한 어린 시절 나를 크게 흔든 영화가 내 인생 전체를 관통하는 인생 영화가 된다. 어린 시절의 경험은 더 강렬하게 다가오기 마련이다. 아무리 많은 키스를 한다 한들 첫 키스의 강렬함을 이길 수 없는 것과 같달까. 그런 의미에서 30, 40대에 본 영화는 대진운이 안 좋은 것뿐이다.

노래도 비슷하다. 요즘 노래도 좋아하지만 내 마음을 울리진 못한다. 그냥 '이 노래 진짜 좋다' 정도의 느낌. 반면 어린 시절 즐겨 듣던 노래는 그냥 좋은 정도가 아니었다.

가슴을 후벼파고, 심장을 뛰게 하고, 눈물을 흘리게 했다. 그 노래들이 훨씬 훌륭하기 때문은 아닐 것이다. 그건 그 노래를 들었던 내 상태에 달린 일이다. 아직 때가 덜 묻은 순수했던 나. 순수하게 무언가를 좋아할 수 있는 유일한 때. 나는 아무것도 그리지 않은 새하얀 도화지였다. 그 도화지에 좋아하는 것을 이것저것 그려 넣다 보니 꽉 차버려서 다른 것을 그려 넣을 자리가 없는 것처럼 느껴진다. 내 감성의 본체는 그때 다 완성된 게 아닐까. 아, 올드한 아재 감성은 별론데….

최신의 감각을 유지하려고 유행하는 음악을 즐겨 듣고는 있지만 어쩌다 지나간 옛 노래가 들리면 내 몸과 마음이 반응하고 만다. 내 감수성의 주파수가 맞춰지는 느낌. 나도 어쩔 수 없는 옛날 사람임을 자각하는 순간이다. 아, 내 마음의 고향은 여기네.

하던 일을 멈추고 추억의 노래에 귀를 기울인다. 그리고 나지막이 노래를 따라 부른다. 신기하게 옛날 노래 가사는 잊어버리지도 않고 다 기억난다. 아니, 이건 기억이 아니라 조건반사다. 그냥 저절로 나오는. 그 가사들은 세포 어딘가에 새겨져 몸의 일부가 된 것이 분명하다.

노래를 따라 부르다 보면 가슴 한편이 저릿저릿 아려 온다. 요즘 노래는 귀로 듣고, 옛 노래는 가슴으로 듣는다. 내친김에 그 시대 노래를 연달아 찾아 듣는다. 그러곤 한참 동안 추억에 젖는다. 이상한 일이다. 나는 과거가 그립지 않은데, 절대 돌아가고 싶지 않은 시간인데 왜 이런 기분을 느끼는 걸까. 사람들 말처럼 힘들었던 시간도 지나고 나면 좋은 기억이 되는 걸까?

진짜 좋아하는 인생 영화는 한 번의 감상으로 끝나지 않는다. 옛 노래를 찾아 듣듯, 옛날 영화를 찾아서 다시 보곤 한다. 톰 행크스 주연의 〈캐스트 어웨이〉도 그중 하나다. 보고 또 봐서 다 아는 이야기인데도 볼 때마다 빠져든다. 아마 더 나이가 들어 노인이 돼서도 찾아보겠지. 그야말로 한평생을 함께할 인생 영화다.

이 영화를 볼 때마다 어김없이 눈물을 쏟는 장면이 있다. 그건 바로 주인공이 배구공 '윌슨'과 헤어지는 장면이다. 4년 동안의 무인도 생활을 끝내고 섬에서 탈출한 주인공 '척'. 바다 위를 표류하던 중 윌슨이 떠내려가는 걸 뒤늦게 알게 된 그는 헤엄쳐서 윌슨을 건지려 하지만 너무 멀어진 탓에 역부족이다. 결국 멀어지는 윌슨을 구하지 못한 그는 오열한다. 연신 미안하다고 말하며 슬피 우는 그를 보고 있으면 나도 따라 어린아이처럼 엉엉 울게 된다. 아휴, 그 장면은 왜 그렇게 슬픈 걸까. 따지고 보면 윌슨은 감정이 없는 무생물 아닌가. 그냥 물건을 잃어버린 것뿐인데 그게 그렇게 슬프다.

영화를 본 사람이라면 잘 알겠지만 윌슨은 그냥 단순한 배구공이 아니다. 윌슨이 없었다면 척은 무인도에서 4년이나 버틸 수 없었을 거다. 윌슨은 척의 유일한 말동무였다. 윌슨은 아무 말도 할 수 없고 들을 수도 없지만 그건 별로 중요하지 않다. 척이 윌슨에게 말하고 의지했다는 사실이 중요하다. 그 사실만으로도 윌슨은 물건 이상의 의미가 있다. 소설『어린 왕자』에 이런 말이 나온다.

"너의 장미꽃이 그토록 소중한 것은 그 꽃을 위해 네가 공들인 그 시간들 때문이야."

윌슨은 무인도에서 보낸 시간 그 자체다.
섬에서 탈출함과 동시에 척은 윌슨과 이별하게 된다. 그

넌 나의 한 시대였어.

것은 영화적 문법에서 필연적으로 일어나야만 하는 일이다. 윌슨은 무인도에서의 시간을 의미하고 섬에서 탈출한 시점부터 이별은 예견된 것이다. 언제나 그렇듯, 새로운 단계로 나아가려면 발목을 잡는 과거는 버려야 한다.

윌슨을 떠나보내며 슬피 우는 척의 심정을 우리는 안다. 우리 역시 수많은 윌슨을 떠나보내며 지금에 이르렀다. 그것은 아이 때 집착하던 애착 인형일 수도 있고, 한때 좋아했던 연예인일 수도 있고, 간절히 이루고 싶던 꿈일 수도, 사랑했던 연인일 수도 있다. 우리는 시기마다 자신을 버티게 해주었던 것들과 이별하며 계속 나아간다.

한때 사랑하고 의지했던 것을 떠나보내는 이유는 변심 때문이다. 지겨워지거나 싫어지거나. 더는 필요 없거나 계속 함께하기 버겁거나. 혹은 더 좋은 것이 나타나거나. 이별의 이유는 다양하지만 결국 따지고 보면 우리 마음이 변한 탓이다.

맞다. 우리가 그것들을 버렸다. 그렇게 다음 단계로 나아갔다. 한 시대를 뒤로한 채. 미안해, 윌슨. 정말 미안해. 그리고 정말 정말 고마웠어.

옛날 노래나 영화를 찾아보며 감상에 젖는 것은 단순히 과거가 그립다거나 돌아가고 싶어서는 아닐 거다. 그것은 과거에 두고 온 모든 것들에 대한 안부 인사가 아닐까. 한때 좋아했던, 내 모든 것이었던 것들에 대한 미안함과 고마움을 담은 인사.

떠나보낸 것들은 애틋하다. 그것이 좋았든 싫었든 그러하다. 나는 언제 이렇게까지 멀리 왔을까. 추억에 젖는 일은 원래 내가 있던 곳, 내가 떠나온 시대를 잊지 않고 기억하는 일이다. 더불어 내가 버리고 온 나 자신, 지금보다 순수하고 뜨거웠던 나를 기억하는 일이 아닐까.

"나 너무 변해버렸지? 너를 지키지 못해서 미안해. 먹고 살다 보니 이런 모습이 됐네. 하지만 너를 잊진 않았어. 난 이렇게 다 기억하고 있어. 안녕, 다음에 또 찾아올게."

에필로그

망설이는 우리에게 필요한 자세

    이 책을 완성하기까지 수년의 시간이 걸렸다. 그 긴 시간을 오직 글 쓰는 데 전념했다…면 참 좋았을 텐데 그러지 못했다. 우습게도 난 대부분의 시간을 망설이는 데 썼다.

    오랫동안 써야 할 글 주변을 서성거렸다. 써놓은 글을 지우고 다시 쓰는 일을 반복했고, 엄두가 나지 않아 한동안 손을 놓고 지내기도 했다. 그러다 보니 이렇게 책이 늦어지게 됐다. 오래 기다렸을 독자들에게 감사하고 미안한 마음. 응? 아무도 안 기다린 건 아니겠지? 어쨌든.

    책을 다 끝내고 돌아보니 왜 그렇게 고민하고 주저했는지 모르겠다. 좀 더 가벼운 마음으로 썼으면 더 잘 써졌을 텐데. 이 책은 이렇게 오래 걸릴 책이 아닌데 말이다. 사실 그 이유를 모르지 않는다. 내 망설임은 잘하고 싶은 마음이 만들어낸 병이다.

끝내주게 재미있는 책을 쓰고 싶었다. 웃음과 감동이 가득한, 많은 독자의 마음을 사로잡는 책을. 적어도 실망스러운 책은 쓰고 싶지 않았다.

'이번엔 뭔가 보여줘야 해. 안 그러면 이 일을 계속할 수 없을지도 몰라.'

잘하고 싶은 마음이 커질수록 글쓰기는 부담으로 다가왔다. 잘해내지 못할까 봐, 망칠까 봐, 결국 형편없는 내 능력을 마주하게 될까 봐 두려웠다. 그런 마음 때문에 어느덧 이 책은 무거운 스트레스 덩어리로 변해 있었다. 책 쓰는 거 그만둘까? 포기하면 편하니까. 잘하지 못할 거면 안 하는 게 나으니까.

포기하지 않고 책을 끝낼 수 있었던 건 끊임없이 이 말을 떠올렸기 때문이다.

"대충 하자."

잘하지 마. 완벽하게 할 필요 없어. 제발 대충 해!

두려움으로 얼어붙어 있던 나를 나아가게 한 건 다름 아닌 '대충'이었다. 내가 삶의 기본 자세를 '열심'에서 '대충'으로 바꾼 것도 같은 이유에서다. 열심히 사는 게 나빠서가 아니다. 잘 살고 싶어 최선을 다하는 게 왜 나쁘단 말인가. 다만 잘 살고 싶은 마음이 너무 크고 간절하면 삶은 오히려 무겁고 무서운 존재로 변해버린다. 그러면 잘 살기 힘들다. 너무 괴로워서 살기 싫어진다. 그러니까 대충은 더 잘 살기 위한 나의 결심이다.

이런 자세를 '대충 살기'라 불러도 좋고 '힘 빼고 살기'라 불러도 좋다. 살아가는 자세만 바꿨을 뿐인데 인생이 달라진다. 간절한 사람은 언제나 '을'의 입장일 수밖에 없다. 매달리고 애원하고 억울한 마음이 된다. 반대로 덜 간절한 사람에게 삶은 덜 억울한 것이 된다. 기대가 적으니 실망도 적고 발걸음이 가볍다. 그런 이유로 간절함을 내려놓고 약간은 무심한 듯 살아가려 노력한다.

물론 이건 정답도 아니고 모든 문제를 해결해줄 만능 키도 아니다. 어떤 자세로 살든 인생은 문제의 연속이다. '그 이후로 행복하게 살았습니다' 같은 일은 동화에서나 가능한 얘기. 요즘 나는 여러 문제 때문에 어려운 시기를 보내고 있다. 삶이 힘들게만 느껴지는 이때, 다시 한번 자세를 고쳐 잡는다.

"아무런 문제도 없는 완벽한 삶은 없어. 그러니까 이건 잘못된 것도 아니고 망친 것도 아니야. 제발 쫄지 좀 마."

그런 마음가짐으로 가볍게, 담담하게, 대충 넘어가볼 생각이다. 어쩌면 인생의 본질은 엄청나게 무거운 것일지도 모른다. 그럴수록 우리는 가볍게 대할 필요가 있다. 적어도 안 무거운 척이라도 해야 한다. 그래야 무게에 눌리지 않고 나아갈 수 있다. 우리 모두 대충 잘 살아나가길 바란다.

대충의 자세

초판 1쇄 발행 2025년 5월 26일

글·그림 하완

발행인 윤승현 **단행본사업본부장** 신동해
편집장 김예원 **파트장** 정다이 **책임편집** 김다혜
디자인 최희종 **교정교열** 이정현
마케팅 최혜진 강효경 **홍보** 허지호
제작 정석훈

브랜드 웅진지식하우스 **주소** 경기도 파주시 회동길 20
문의전화 031-956-7357(편집) 031-956-7088(마케팅)

홈페이지 www.wjbooks.co.kr
인스타그램 www.instagram.com/woongjin_readers
페이스북 www.facebook.com/wjbook
블로그 blog.naver.com/wj_booking

발행처 (주)웅진씽크빅
출판신고 1980년 3월 29일 제406-2007-000046호

ⓒ 하완, 2025
ISBN 978-89-01-29535-0 03810

* 웅진지식하우스는 ㈜웅진씽크빅 단행본사업본부의 브랜드입니다.
* 저작권법에 의해 한국 내에서 보호를 받는 저작물이므로 무단 전재와 무단 복제를 금합니다.
* 이 책 내용의 전부 또는 일부를 이용하려면 반드시 저작권자와 ㈜웅진씽크빅의 서면 동의를 받아야 합니다.
* 책값은 뒤표지에 있습니다.
* 잘못된 책은 구입하신 곳에서 바꾸어 드립니다.